大展好書　好書大展
品嘗好書　冠群可期

大展好書　好書大展
品嘗好書・冠群可期

陳式太極拳
5

家傳陳氏太極拳功夫架
——一路八十九式
附 DVD

■陳照奎　陳瑜　著

大展出版社有限公司

陳氏第九世
——陳玉廷「太極鼻祖」

陳氏第十四世
——陳長興「牌位大王」

陳氏第十七世
——陳發科「太極一人」

陳氏第十八世
——陳照奎「神拳太保」

發科公

發科公拳照

陳照奎

陳照奎、陳照丕合影

陳照奎與弟子合影

陳瑜拳照

陳瑜指導兒子陳世武練拳

賀陳式太極拳協會成立

弘揚中華武術
振奮民族精神

徐才
乙亥

書歌賦養性兮延年

時乙未仲夏 玉林寫於泉城

版权所有 秦大极与养性兮

陳照奎太極拳研究社成立誌賀

北京綿掌研究社贈

東莞 周培仁書

練武修德

振興中華

賀陳照奎太極拳社成立

太極

神韻

乙酉季陳玉書

2002.5.7

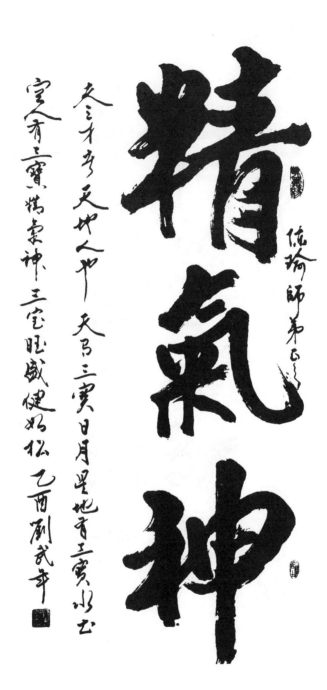

前　言

　　我的父親陳照奎先生（1928年1月24日—1981年5月7日），係陳家溝陳氏第18世傳人，自幼隨爺爺陳發科（1887—1957，係陳家溝陳氏第17世傳人）學祖傳拳藝。如果說爺爺發科的貢獻在於把陳氏家傳的太極拳從陳家溝一隅之地傳至北京，那麼父親照奎的貢獻在於把此拳傳於北京、上海、南京、陳家溝、鄭州、石家莊、焦作等地，足跡遍佈黃河內外、大江南北。他嘔心瀝血、精心育人，培養弟子數以千計。

　　如今，他的眾多弟子已將此拳發揚光大，遠播世界各地。「文化大革命」的十年，國家遭受浩劫，父親也難於倖免，他受盡歧視，居無定所，顛沛流離，命運坎坷，最後身心憔悴，貧困交加，導致血壓不斷升高，又無錢治病，最後積勞成疾，於1981年過早地離開了我們。

　　父親陳照奎生前撰寫了大量的太極拳理、功力訓練方法等。爲了紀念父親，現將這些文字整理成書，公之於世。《家傳陳氏太極拳功夫架——一路八十九

式》一書中大量採用了父親生前的手稿，並配以我的拳照，從而形成一本完整的陳氏太極拳書籍，以緬懷父親的豐功偉績，追思父親的音容笑貌！

《道德經》講：「不失其所者久，死而不亡者壽。」父親陳照奎就是真正的壽者，他雖然過世三十多年，卻好像從來沒有離開過我們，在他逝世31周年後的今天，他所傳的陳氏太極拳一路二路及相關功法，已經在全世界範圍廣泛傳播，造福數以千萬計的人們。我將繼續完成父親生前的遺願，將陳氏太極拳發揚廣大，爲造福更多大眾而不懈努力！

陳　瑜　於北京

出版説明

一、應廣大陳氏太極拳愛好者的要求，特出版此書。

二、書中採用了我的父親陳照奎先生部分遺稿，但由於當時所處的歷史年代，沒能留下大量的拳照，很是遺憾。爲了使愛好者更加直觀地學習套路，故配以本人拳照。

三、本書套路中的拳照共八百餘張，爲讓愛好者更清楚地看清手的動作，除十字單擺蓮部分照片外，其他拳照一律採用了正面照，且每個動作都有完整的圖像。另外有關動作的方位、角度、路線等可參考隨書贈送的演示光碟。

四、爲使愛好者更加清楚地掌握每個動作的細節，以及更加清晰地劃分動作之間的銜接部分，特將83式拓展成89式。其中金雞獨立分爲兩個式子：右金雞獨立、左金雞獨立；野馬分鬃分爲兩個式子：右野馬分鬃、左野馬分鬃；左右擦腳分爲兩個式子：左擦

腳、右擦腳；前招後招分爲兩個式子：前招、後招；還新增加了起式及十字單擺蓮之後的海底翻花。

五、書中部分文章是本人在習練四十多年陳氏太極拳的基礎上總結出來的一些心得，希望能與大家分享。因本人水準有限，如有不妥之處，還望同仁批評指正。

六、本書得到了馬勳、王偉、王欣、王浩然、王敏夫、王粵軍、尹法根、喬連永、劉平旺、張玉潔、張京輝、李祥、李毅、楊志勇、陳雲杰、陳世武、陳威銘、周紅、林小梅、胡偉航、賈輝、黃煒、曾召弟、廖裕乾等人的大力支持，謹於此一併致謝。

目　　錄

附 錄

第一章
一路八十九式的特點
和詳解內容

一、特 點

　　家傳陳氏太極拳功夫架分為第一路和第二路。其中，第一路為89式，第二路為72式，也稱炮捶。總體上講：一路柔多剛少，手法較多，比所謂的老架多15式，故為89式。如：中盤、退步壓肘、海底翻花、初收、三換掌等。二路（炮捶）剛多柔少。兩套拳架外形上小巧、緊湊，柔中寓剛，開合有致；在內勁方面注重丹田內傳，形之於外即為胸腰折疊，講究運動的螺旋纏絲，輕靈沉穩。整個套路結構嚴謹，氣勢磅礴，節奏鮮明，靜若處女，發如驚雷，往復折疊似波濤翻滾，靈動無滯，一氣呵成。

　　一路八十九式其顯著特點：

　　1. 纏絲勁明顯，要求處處留心，源動腰脊，用意貫勁於四梢（即兩手和兩足尖），動作呈弧形螺旋，纏繞圓轉，並要做到「一動內外俱動」。

　　2. 剛柔相濟，柔中寓剛，即能打出一種似剛非剛，似

柔非柔，沉穩而又靈活的內勁。

3. 動作和呼吸運氣相結合，不僅做到氣沉丹田，而且在練習動作的同時進行「丹田內轉」。

4. 快慢相間，即在動作轉換處要快，一般行拳時要慢。

5. 拳路架子可分高、中、低三種，體弱有病者可以練高架子，青壯年體健者則可練低架子。

6. 拳中有樁，樁中有拳，樁拳合一。

7. 每一招一式都有它特定的技擊含義，技擊招式精妙連環。

8. 胸腰折疊與身法相結合。

9. 套路動作複雜，手法細膩，明勁、小勁、暗勁多，內涵豐富，深不可測，正可謂「一層深一層，層層意無窮」。

10. 整套拳陰陽平衡，陰陽互濟，陰陽互根；陰中有陽，陽中有陰，陰陽即對立又統一；同時還有陰陽不分，混沌狀態。

11. 丹田內轉，以身領手，節節貫穿。下盤沉穩如磐石，中盤靈活如珠，上盤輕如楊柳。

12. 拳架中含有易骨、開關節、易筋練法。

13. 摔打、擒拿、抓筋、拿脈、反骨、點穴同時兼施並用，使人防不勝防。

14. 勁別複雜，手型複雜。具不完全統計，兩路拳140多種勁別，同時發勁也多。據武林界稱，陳發科公祖師在北京傳授這套拳架時，兩路拳154個單式，600多個式子，3000多種發勁，人稱「千手寸觀音」全身無處不渾然，全

身無處不是手。

15. 剛柔相濟，快慢相間，驚閃彈抖。

16. 拳架平穩，支撐腿始終彎曲，不挺直，不挺胯。拳架不忽高忽低。

17. 突出散打實戰特點。

18. 拳架講究內撐外裹，支撐八面。

19. 太極拳的攻與防、化與打、引與進包含在一個螺旋式的動作之中，從而化打結合，化中有打，打中有化；攻中有防，防中有攻；對立統一，陰陽互濟。還有，太極拳技法中的順勢借力、造勢借力，從反面入手，勁走三節，打空打回，特別是順逆纏絲、螺旋進擊、鬆活彈抖等等，都是該拳獨具的特色技擊法。

二、套路動作名稱

第一式　預備式

第二式　起　式

第三式　金剛搗碓

第四式　懶紮衣

第五式　六封四閉

第六式　單　鞭

第七式　第二金剛搗碓

第八式　白鶴亮翅

第九式　斜　行

第十式　初　收

三、套路動作詳解

第一式　預備式

兩腳開步站立，兩腳尖朝前微外撇（不丁不八），與肩同寬。兩腿微屈，膝蓋不過腳尖。兩胯根略往回收，圓襠，兩大腿內側有向外撐之意。重心放在腳跟和腳心的中間，腳趾扒地，腳心空。兩肋掤起，沉肩墜肘，兩臂肘隨肩微向前捲放鬆下沉，肘不貼肋，含胸掤背。頭頸正直，下頜微向裡收，嘴唇輕閉，牙齒微合，舌尖輕抵上齶部。兩眼平視前方，耳聽身後，氣沉丹田。兩臂自然下垂，手指輕貼大腿外側，大、小指相合，食指和無名指相合，中指自然向上提。自然呼吸，鼻尖吸氣，全身放鬆（圖1-1）。

【要領】

（1）頭頂領勁，耳聽身後，眼睛平視，面部肌肉自然放鬆。

（2）立身中正，雙肩自然下沉，含胸掤背，胸自然下沉，與膻中穴、丹田為合力。

圖1-1

（3）胯根向裡收，膝蓋彎曲，有向內含之意，膝蓋不要過腳尖。

（4）用五個腳趾指肚抓地，腳心要空，如同壁虎的爪端吸盤。

（5）命門捧起，尾閭中正。臀有向外開之意，如同坐在椅子上，保持重心穩定和身軀轉動靈活。

（6）鼻尖吸氣，用嘴呼氣。吸氣時眼神回收，呼氣時眼神放遠。

以上所述，不僅是預備式的要領，也是陳氏太極拳訓練的法則，必須將這些要點仔細領會並貫穿於整套拳架習練的始終。

第二式　起　式

1. 身體略下沉，雙臂向上提起，裡旋含裹勁，雙手小指與大指相合，手背加掤勁，手心空，為吸力，提至兩肩高度。上掤時為吸氣，肘成弧形，形成肘開肩鬆。雙手以指尖領勁，大指與小指相合，把勁放遠，有向前探勁無限遠的意念（圖1-2）。

2. 雙掌下沉，以指肚和掌根領勁往下按，指尖有抓力的意念，下沉至兩腿外側，同起式的位置。雙手下沉時為呼氣（圖1-3）。

圖1-2　　　　圖1-3

【要領】

（1）上掤為開，下沉為合。

（2）呼吸要配合，呼吸宜細長。

（3）上掤要有向上提物或把地皮吸上去的感覺。

（4）雙手上掤與肩同高時，向前探勁和向下按勁時，眼光要隨意念放至無限遠，不管在什麼狀態都要保持掤勁，不丟不扛。

第三式　金剛搗碓

1. 身微左轉，重心右移。雙手變叼手同時提起，右手在腹前中心線，左手在左胯前左膝上方，雙手虎口相對，手心向裡，指尖向下（圖1–4）。

2. 身微右轉，重心左移。雙手走上弧線向右下方按，左手在腹前中心線，右手在右胯前右膝上方，雙手虎口相對，手心向下，指尖向前（圖1–5）。

3. 身微左轉，重心右移。雙手走下弧，右手外旋至腹前中心線，手心向左，虎口向上，指尖向前；左手裡旋至

圖1–4

圖1–5

左胯前左膝上方，手心向前下，指尖向右前上方，虎口向右後方（圖1-6）。

4. 右手從中心線上穿至下頜高度，手心向左，指尖向上至嘴的高度；左手裡旋外掤，虎口斜向右下，掌心向前，指尖向右上，與左太陽穴同高，重心在右（圖1-7）。

5. 雙手同時旋轉，左手略外旋，手心向右上，指尖略向左上方；右手裡旋，手心向左前，指尖向左上（圖1-8）。

圖1-6   圖1-7   圖1-8

6. 身體右轉，重心左移；同時，右腳掌貼地右轉約40度角，雙手略走上弧動作，左手略外旋，在下頜前中心線，掌心向右，指尖向上；右手略裡旋外掤，掌心向前，指尖斜向左上，指尖與右肩前太陽穴同高（圖1-9）。

7. 身微左轉，襠走後弧，移重心至右腿。左掌在中心線前掤，右掌繼續外掤（圖1-10）。

8. 身微右轉，提左膝成右獨立步，右膝微屈，左腳保持原來的高度。左掌繼續前掤，右掌繼續外掤（圖1- 11）。

圖1-9　　　　　　　圖1-10　　　　　　圖1-11

9. 左腳以腳後跟裡側貼地蹬出，腳略扣扒住地。雙掌繼續外掤。重心偏右腿（圖1-12）。

10. 身體左轉，重心略往右移，左腳貼地外轉至起式方向。同時，左掌在胸前坐按裡旋變擠手，掌心向下，指尖向右，右掌坐按外旋前擠，左手高度在胸前中心線，右手護在右膝蓋上方（圖1-13）。

11. 褛走後弧，移重心至左腿，蹬右腿合左腿。左掌繼續前擠，右掌隨之（圖1-14）。

圖1-12　　　　　　　圖1-13　　　　　　圖1-14

12. 以大指側為力點向左前上方撩掌，右掌順勢外掤（圖1-15）。

13. 左掌略上掤後略裡旋回帶，高度在左太陽穴；右手略外旋，帶著右腳走裡弧擦地向前上步，右手高度在右胯前側（圖1-16）。

14. 右腳繼續上步成右虛步。右掌從中心線向上穿掌，掌心斜向左上，指尖斜向前上方，與下頜同高；左掌同時裡旋合於右小臂裡側，指尖斜向右上（圖1-17）。

圖1-15　　　　　圖1-16　　　　　圖1-17

15. 右掌握拳向前下滾壓打；同時，左掌外旋翻掌，外掤貼在右小臂上。蹬右腿，合左腿（圖1-18）。

16. 右拳從中心線往前上衝拳，與口鼻同高。同時，提右膝。左掌順勢略外旋下沉於小腹高度（圖1-19）。

17. 震右腳。砸右拳，左掌略上提，拳掌合於腹前，離小腹大約一橫拳遠。重心在左腿（圖1-20）。

| 圖1-18 | 圖1-19 | 圖1-20 |

【要領】

（1）身體左轉時注意蹬左腿，合右腿，沉左臀，鬆右胯。兩臂含裹勁、搓勁，兩掌背加掤勁上提。

（2）身體右轉下按時，左手大指領勁，右手小指領勁。蹬右腿，合左腿，沉右臀，鬆左胯。

（3）右手在中心線上穿時是以大指領勁遞次上穿，同時左掌以小指領勁遞次外掤，不要走直勁。

（4）所有移重心都要褶走後弧或下弧，轉腳時先轉身，再貼地轉腳。轉身時注意肩胯相合，肘膝相合，手足相合。

（5）身體不要忽高忽低，基本保持在同一水平面上。

（6）要注意腋下含空，不要夾死。

第四式　懶紮衣

1. 身微左轉，重心右移，蹬左腿，合右腿，沉左胯，鬆右胯，左側腰勁下沉。同時，右拳和左掌相合，往身體

左前上方衝拳，高度在左肩前方（圖1-21）。

2. 身微右轉，重心左移，蹬右腿，合左腿，沉右胯，鬆左胯，右腰勁下沉。雙手拳掌相合，略走上弧線往身體右前上方推，高度在右肩前（圖1-22）。

3. 身微左轉，重心右移，蹬左腿，合右腿。雙手略往外走弧線，下掛至腹前中心線（圖1-23）。

圖1-21　　　　　　　圖1-22　　　　　　　圖1-23

4. 重心繼續右移。右拳變掌，雙掌以腕交叉往左前下方插掌，高度在左胯前腹部高度（圖1-24）。

5. 雙手腕部交叉，以大指領勁遞次轉到小指領勁，上掤至左肩前，重心在右。身微右轉，重心左移。雙手向前方中心線打出，與下頷同高（圖1-25）。

6. 雙手坐按加掤勁。身微左轉，重心右移。雙掌以大指領勁，遞次轉至小指領勁，外掤分別向右上左下弧線分開，右手掌跟高度比右肩略高，掌心向前略偏左，指尖向上；左手掌高度在左胯外側略前，掌心向下，指尖向前（圖1-26）。

圖1-24　　　圖1-25　　　圖1-26　　　圖1-27

7. 身微右轉，重心左移，右手先以大指領勁外掤，遞次轉至小指領勁下沉，高度在右胯外側略偏前，掌心向右前上，指尖向右下；同時，左掌先以小指領勁略下沉，再向左開後轉至大指領勁上掤，再轉至小指領勁，高度於左肩略前偏上，掌心斜向右上，指尖向左上（圖1-27）。

圖1-28

8. 重心完全移至左腿，提右膝。右手懸臂下沉，經胸腹之間轉至大指領勁於中心線斜向上穿，高度比下頜略低，手心斜向左上，指尖略向左前上；同時，左手經頭上轉至大指領勁下沉，掌根合至右小臂上，掌心向右，指尖向上。右肘和右膝上下相合（圖1-28）。

9. 身體下沉，右腳以腳跟裡側貼地向右略偏後蹬出，腳扒住地。兩手隨腳蹬在中線上略向左引而成對拉之勢

（圖1–29）。

10. 身微左轉，重心右移。右掌在中心線以大指領勁上穿，遞次轉至小指領勁，掌跟高度在下頜，左掌仍立掌附於右小臂（圖1–30）。

11. 雙手坐按加掤勁，兩手上下分開，右手以大指領勁外掤，至右肩略前上轉至小指領勁下沉，把勁放遠，掌跟高度同右肩，掌心向右前，指尖向右前上；左手同時外翻，先以小指領勁，再轉至大指領勁，下沉至小腹成抓拿手，虎口向右，手心向上。蹬左腿，合右腿（圖1–31）。

圖1–29

圖1–30

圖1–31

【要領】

（1）右拳向左上衝時注意肩背腰勁下沉，右拳從右肩向下掛時是連砸帶掛之勁。

（2）雙掌左右分開時與身體基本在同一立面上。右手下沉與左手上掤要在腰的主宰下完成，兩臂好似槓桿，腰為支點。

（3）提膝時注意身體的鬆沉，不要上拔，保持原來的高度；提膝和鬆沉形成一個對立的上下關係。

（4）最後定勢時左肘注意掤開，並且左肩和左肘微向前合，左肩和右掌相呼應，左腋下要開，不要夾死。

第五式 六封四閉

1. 身微右轉，重心微左移，蹬右腿，合左腿，沉右胯，鬆左胯。右手以大指領勁，遞次轉為小指領勁，略裡合，有找左肩之意；左手以大指領勁，手背加掤勁，下沉裡合，左肘向前微合，有找右胯之意，左肩向前微合，有找右掌之意（圖1-32）。

2. 身微左轉，重心微右移，蹬左腿，合右腿，沉左胯，鬆右胯。右手以小指領勁先略前擠，再略外捌變切掌，走弧線收至腹前中心線，手心斜向左上，手指向前偏左；左手同時螺旋下沉，與右手以腕相搭合在腹前，手心向裡，手指略斜向右下（圖1-33、圖1-34）。

圖1-32　　圖1-33　　圖1-34

3. 雙手以小指略回勾，大指裡合，從中心線上提，右掌從大指遞次催到小指向前捌，高在下頜略低，手心向前，指尖向左；左手同時以大指根加捌勁，搭於右小臂裡側，手心向裡，指尖向右。重心同時左移，身微右轉，左臀略下沉（圖1-35）。

4. 身微右轉再左轉，重心微左移再右移。雙手略下，右手先以小指領勁略外擠，再翻掌轉至以大指領勁上托，與肩同高，手心斜向上，指尖向前上；左手同時在胸前小指回勾，大指裡合，以手背領勁，在中心線變叼手上提，高度在左太陽穴（圖1-36）。

圖1-35

圖1-36

5. 重心繼續右移，雙手向兩側以大指領勁，遞次轉至小指領勁穿掌，雙手背加捌勁，雙手心向上，指尖向左右兩側（圖1-37）。

6. 雙掌以雙肘為軸，翻轉合至頸部兩側，同時挑肘，左肘略高，右肘略低，重心仍在右（圖1-38）。

圖1-37

圖1-38

7. 重心繼續右移。雙手在胸前略下沉，先以右肘領勁擠肘，再以雙掌向右下推出，高度在右胯前膝上方。同時，縮左胯，略走後弧。收左腳，前腳掌著地成虛步，兩腳距離大約一肩寬（圖1-39）。

圖1-39

【要領】

（1）右手與左肩相合時右掌根前擠，右肘前擠，左肘走下弧線與右胯相合，不要歪肩。

（2）右手收至腹前時，注意掤右肘，兩腋不要夾死。

（3）雙手上提前掤時注意沉肩墜肘，命門後撐，呈前掤後撐之勢。

（4）叼托時注意腰勁下沉，叼和托是一個上下並向前送的剪勁。

（5）最後推掌時右胯不要突出太多，只是坐在右腳腳後跟即可。

（6）左腳收回後略有外撐之意，就似站椿一樣。

第六式　單　鞭

1. 身微左轉，重心微右移。雙手以小指領勁向左右兩側打開，遞次轉到大指領勁略下沉（圖1-40）。

2. 身微右轉，重心左移。雙手同時以大指領勁，遞次轉到小指領勁，在身體中心線順纏捧勁斜上穿掌，左手高度在下頷，右手小指、無名指貼在左小臂上，雙手心均向上，指尖向前上（圖1-41）。

3. 身微左轉，右手大指、中指捏攏成勾手，兩臂掤圓（圖1-42）。

圖1-40　　　　　圖1-41　　　　　圖1-42

4. 身微左轉，重心右移。右手隨身轉用手背領勁，裡旋至手心向下，高度同肩；左手小指回勾，大指裡合，以手背領勁下沉收回腹前，小指、無名指貼於腹部（圖1-43）。

5. 重心完全移至右腿。右小臂外掤，左手大指領勁，遞次轉至小指領勁略下沉。提左膝裡纏與左肘相合（圖1-44），左腳下沉，以腳跟裡側貼地向左略偏後蹬出，隨即腳趾抓地（圖1-45）。

圖1-43　　　　　圖1-44　　　　　圖1-45

6. 襠走後弧，移重心至左腿。同時，左肘與右手好似拉弓之勁。略扣右腳（圖1-46）。

7. 左掌在腹前中心線，以大指領勁遞次轉至小指領勁上穿，高度在下頜前方中心線位置（圖1-47）。

圖1-46　　　　　　　　　　圖1-47

8. 左掌坐按加掤勁，右小臂略外掤（圖1-48）。

9. 左掌略走上弧，以小指領勁，遞次轉到以大指領勁向左側拉開，把勁放遠；右勾手同時向右，與左手有對拉之勁（圖1-49）。

圖1-48

圖1-49

【要領】

（1）雙掌向兩側開時在兩胯前略外，不可開到胯的後面。

（2）穿掌時腋下不要夾死，兩臂要掤圓，左腳掌著地不動。

（3）左掌拉開時注意右勾手的對拉勁，二手相繫相合，並且右胯不要上挺。

第七式　第二金剛搗碓

1. 身微右轉，重心略左移。右勾手變掌，以小指領勁略外掤下沉；左掌同時以小指領勁，略下塌後外掤，雙掌高度比肩略低，左掌心略向前下偏左，指尖前上，右掌心

向前下略偏右，指尖向右上（圖
1-50）。

2. 身微左轉，重心繼續略左
移。右掌轉至以大指領勁，弧線
下沉切至腹前中心線，掌心向
左，指尖向前；左手同時以小指
領勁，大指裡合外掤，掌心向前
下，指尖向右上，高度略低於肩
（圖1-51）。

圖1-50

3. 右掌以大指領勁，遞次轉至小指領勁在中線上穿，
左掌繼續以小指領勁外掤。略蹬右腿，合左腿（圖1-
52）。

4. 重心略右移。右掌以小指領勁，大指相合裡旋翻掌
上掤，手心向前略偏上，指尖向左上方；左掌同時轉至大
指領勁，小指相合外旋翻掌上掤，手心向上，指尖向左上
（圖1-53）。

圖1-51　　圖1-52　　圖1-53

5. 重心移右，蹬左腿，合右腿。雙手略走上弧線作挒，左手轉成大指領勁，小指相合至下頜前中線，掌心向右，指尖向上；右手轉至以大指領勁，小指相合，向右上方掤出，掌心略向右上，指尖向左上（圖1-54）。

6. 身微右轉，兩掌坐按加掤勁（圖1-55）。

7. 重心左移。左掌在胸前略下沉，轉至以小指領勁，大指相合裡旋翻掌作擠，掌心向下，指尖向右；右掌轉至大指領勁，小指相合下沉前擠，高度在腰間，掌心向前略偏上，指尖向右前（圖1-56）。

圖1-54　　圖1-55　　圖1-56

8. 重心繼續左移。左掌繼續以小指領勁前擠，右掌同時以大指領勁，小指相合下沉裡合至腹前中線，掌心向左，指尖向前（圖1-57）。

9. 右掌以大指領勁，遞次轉至小指領勁在中線上穿，左掌繼續以小指領勁外掤。略蹬右腿，合左腿（圖1-58）。

10. 重心略右移。右掌以小指領勁，大指相合裡旋翻

掌上掤，手心向前略偏上，指尖向左上方；左掌同時轉至大指領勁，小指相合外旋翻掌上掤，手心向上，指尖向左上。重心移右，蹬左腿，合右腿。雙手略走上弧線作捋，左手轉成大指領勁，小指相合至下頜前中線，掌心向右，指尖向上；右手轉至以大指領勁，小指相合，向右上方掤出，掌心略向右上，指尖向左上（圖1-59、圖1-60）。

圖1-57　　　　　　　　　　　　圖1-58

圖1-59　　　　　　　　　　　　圖1-60

11. 身體左轉，重心略往右移，左腳掌貼地外轉90度角。同時，左掌在胸前坐按裡旋變擠手，掌心向下，指尖

向右；右掌坐按外旋前擠，左手高度在胸前中心線，右手護在右膝蓋上方（圖1-61）。

12. 襠走後弧，移重心至左腿，蹬右腿合左腿。左掌繼續前擠，右掌隨之（圖1-62）。

13. 左掌以大指側為力點向左前上方撩掌，右掌順勢外掤（圖1-63）。

圖1-61

圖1-62

圖1-63

14. 左掌略上掤後略裡旋回帶，高度在左太陽穴；右手略外旋，帶著右腳走裡弧擦地向前上步，右手高度在右胯前側（圖1-64）。

15. 右腳繼續上步成右虛步。右掌從中心線向前上穿掌，掌心斜向左上，指尖斜向前上方，與下頜同高；左掌同時裡旋合於右小臂裡側，指尖斜向右上（圖1-65）。

16. 右掌握拳向前下滾壓打；同時，左掌外旋翻掌，外掤貼在右小臂上。蹬右腿，合左腿（圖1-66）。

圖1-64　　　　　圖1-65　　　　　圖1-66

圖1-67　　　　　　　　圖1-68

17. 右拳從中心線往前上衝拳，與口鼻同高。同時，提右膝。左掌順勢略外旋下沉於小腹高度（圖1-67）。

18. 震右腳。砸右拳，左掌略上提，拳掌合於腹前，離小腹大約一橫拳遠。重心在左腿（圖1-68）。

【要領】

（1）右勾手變掌外掤時左掌原地外擠，不要回收。

（2）右掌從中心線上穿時注意腰勁下沉。

（3）雙手作捋時注意左肘前掤。其餘同第一金剛搗碓。

第八式　白鶴亮翅

1. 身微左轉，重心右移，蹬左腿，合右腿，沉左胯，鬆右胯，左側腰勁下沉。同時，右拳和左掌相合，往身體左前上方衝拳，高度在左肩前方（圖1-69）。

2. 身微右轉，重心左移，蹬右腿，合左腿，沉右胯，鬆左胯，右側腰勁下沉。雙手拳掌相合，略走上弧線，往身體右前上方推，高度在右肩前（圖1-70）。

3. 身微左轉，重心右移，蹬左腿，合右腿。雙手略往外走，弧線下掛至腹前中心線（圖1-71）。

4. 重心繼續右移。右拳變掌，雙掌以腕交叉，往左前下方插掌，高度在左胯前腹部位置（圖1-72）。

5. 雙掌以大指領勁，遞次轉到小指領勁，上掤至左肩前，重心在右。身微右轉，重心左移。雙手向胸前方中心

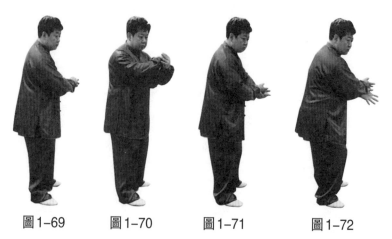

圖1-69　　圖1-70　　圖1-71　　圖1-72

線打出，高度同下頷（圖1-73）。

6. 雙手坐按加掤勁。身微左轉，重心右移。雙掌以大指領勁，遞次轉至小指領勁，外掤分別向右上左下弧線分開，右手掌畫上弧，向右畫至右肩略高，掌心向前略偏左，指尖向上；左手掌畫下弧，向左畫至左胯外側略前，掌心向下，指尖向前（圖1-74）。

7. 身微右轉，重心左移。右手先以大指領勁外掤，遞次轉至小指領勁下沉，高度在右胯外側略偏前，掌心向右前上，指尖向右下；同時，左掌先以小指領勁略下沉，再向左開後轉至大指領勁上掤，再轉至小指領勁，高度在左肩略前偏上，掌心斜向右上，指尖向左上（圖1-75、圖1-76）。

| 圖1-73 | 圖1-74 | 圖1-75 | 圖1-76 |

8. 重心完全移至左腿，提右膝。右手懸臂下沉，經胸腹之間轉至大指領勁在中心線上穿，高度於下頷略低，手心斜向左上，指尖略向左前上；同時，左手經頭上轉至大指領勁，下沉合至右小臂上交叉，掌心向右，指尖向上。

右肘和右膝上下相合（圖1–77）。

9. 右腳以腳跟裡側貼地，向右前方斜角蹬出，略裡扣抓地。同時，右手以大指領勁，小指相合，向左略偏上方引化，掌心斜向左上，指尖向前略偏上；左掌仍附於右小臂上，掌心向右，指尖向右後上方，重心偏左（圖1–78）。

10. 身微左轉，重心右移，蹬左腿，合右腿。右手以大指領勁，遞次轉至小指領勁，在胸前中心線向上穿掌，掌心向左略偏上，指尖向前上；左手仍附於右臂，掌心向右，指尖向右後上方（圖1–79）。

11. 雙掌坐按加掤勁。重心移至右腿，左腳用腳尖裡側貼地畫裡弧，收回右腳尖裡側略後。同時，右掌轉至以大指領勁，遞次至小指領勁，向右上外掤開，高度在右太陽穴，掌心向右前，指尖向上略偏前；左手在右小臂裡側，以大指領勁，遞次轉至小指領勁，弧線向左下方掤開，高度在左胯外側略前，掌心向下，指尖向左前（圖1–80）。

圖1–77　　圖1–78　　圖1–79　　圖1–80

【要領】

（1）注意蹬右腳時右手與右腳之間的對拉勁；右手引化動作不宜過大，最好不露形。

（2）右手穿掌時注意腰勁下沉，不要上浮。

（3）雙掌分開時兩手之間似拉一筋，有相吸相繫之感。左腳收回後腳跟略外撐，用以保持樁的架構。

第九式　斜　行

1. 身微左轉，重心在右。右手大指領勁，遞次轉至小指領勁上穿，逐漸合至眼前中心線，掌心向左上，指尖向上略偏右；同時，左手以小指領勁，大指相合略下沉外掤，掌心向下，指尖向左前（圖1–81）。

2. 身微右轉，重心略左移。右掌中心線下沉，掌心向左，指尖向上；左掌轉至以大指領勁，遞次轉至小指領勁上穿，至比肩略高時外旋翻掌，手心向上偏右，指尖向左上（圖1–82）。

圖1–81

圖1–82

3. 身向右轉，重心繼續左移，右腳貼地以腳跟為軸，左腳以前腳掌為軸，腳跟微離地，外轉至斜角方向。右手隨身體右轉同時下沉，以小指領勁，大指相合按至右胯外側，掌心向下，指尖向前；左掌同時以大指領勁，小指相合向下頜前中心線前劈掌，掌心向左，指尖向上，指尖高度同下頜（圖1-83）。

4. 襠走後弧，移重心至右腿。左掌以小指領勁，大指根催勁在中心線前掤；右掌同時以小指領勁，大指根催勁略外掤（圖1-84）。

5. 重心完全移至右腿，提左膝成右獨立步。左肘與左膝相合（圖1-85）。

6. 身微左轉。右掌以大指領勁，遞次轉至小指領勁，在身體中心線左腕裡側穿掌後坐按加掤勁，掌心向左下，指尖向左上；左掌略前掤，高度不變（圖1-86）。

圖1-83

圖1-87

圖1-85

圖1-86

7. 身微右轉下沉，左腳以腳後跟裡側貼地向斜角蹬出，略裡扣抓地。左掌繼續前掤，高度基本不變；右手同時略走上弧，以小指領勁，遞次轉至大指領勁向右前上方展開，掌心右前，指尖斜向上，指尖高度同右耳（圖1-87）。

圖1-87

8. 身微右轉再左轉。左手先以大指領勁坐按，然後向左側後弧線經過左膝前向左外切掌，掌心向下，指尖向左前；同時，右手先以大指領勁外掤，然後小臂外旋轉掌，以小指領勁合至右側頸根（圖1-88、圖1-89）。

9. 左手五指捏攏變勾手，微裡旋向上提起，腕部與肩高；右手、肘同時略下沉前掤，掌心向前偏左，指尖向上。重心隨左勾手上提而左移，蹬右腿，合左腿（圖1-90）。

圖1-88

圖1-89

圖1-90

10. 右掌以大指領勁略前推後轉至小指領勁上掤，再轉至大指領勁向右外展開，再轉至小指領勁略下沉；左勾手隨右手展開而向左微外掤。蹬右腿，合左腿（圖1-91、圖1-92）。

圖1-91

圖1-92

【要領】

（1）右手上穿是含有以小魚際為力點的向上挫勁，左手下沉與其有對拉勁。

（2）右掌從中心線下沉含有向下抓的勁，要與左手上穿相呼應。

（3）右轉身、右手下按、左掌前劈要同時完成；左腳掌、右腳跟同時旋轉。

（4）動作5，提左膝時要注意右胯鬆沉，身體不要上拔。

（5）動作6，右掌前穿時左掌繼續前掤，不要回收。

（6）動作7，蹬左腳和右手展開、左掌前掤要同步完成。

（7）動作8，左掌外切和右掌裡合要同時完成；身體左轉時腰部不要轉得太過，肩胯要合住。

（8）提勾手、右掌下按、移重心要同時完成。

第十式　初　收

1. 身微右轉，重心略左移，蹬右腿，合左腿。左勾手變掌（圖1-93），雙手同時以大指領勁略走下弧線，向胸前中心線相合，兩手距離約一拳遠，手心略向前下，指尖略向前上（圖1-94）。

圖1-93　　　　　　　　　圖1-94

2. 雙手從中心線轉至小指領勁上掤，再轉至大指領勁，遞次轉至小指領勁，略走上弧向左右兩側展開。同時，重心隨兩手展開而移向右腿，蹬左腿，合右腿。兩手高度比肩略高，左手略向左前，指尖向上；右手心略向右前，指尖向上（圖1-95、圖1-96）。

3. 雙手以小指領勁微螺旋下沉，再遞次轉至大指領勁，向身體中線前上方相合掤出。同時，重心移至左腿，

圖1-95　　　　　　　　　圖1-96

圖1-97　　　　　　　　　圖1-98

蹬右腿，合左腿。左掌在前，掌心略向右上，指尖向前上；右掌在後，掌心略向左上，指尖向前上，右手高度在胸口，左手略高，右手小指輕貼於左小臂裡側（圖1-97、圖1-98）。

　　4. 重心右移，蹬左腿，合右腿。雙手同時以大指領勁，裡旋向前下按掌，雙手高度基本不變（圖1-99）。

　　5. 縮胯收左腳；同時，提左膝成右獨立步。雙掌同時向下按掌，左掌略前，右掌略後（圖1-100）。

圖1-99　　　　　　圖1-100　　　　　　圖1-101

【要領】

（1）右轉身不宜過大；雙手相合時力點在兩大指根。

（2）雙手上掤時身不能起，要注意腰勁下沉；雙手展開與移重心同時完成。

（3）雙手下沉時含向前的擠勁，再相合向前上搓出。

（4）要注意兩手之間的合勁，連纏帶裹，身法去合。

（5）注意收左腳時，要直接提膝，下按雙掌。

第十一式　前蹚拗步

1. 身微右轉。左掌以小指領勁，大指相合，切至腹前中線，掌心向右，指尖向前；右手同時以大指領勁，小指相合，按至右胯外側，掌心向下，指尖向左前（圖1-101）。

2. 左掌轉至大指領勁在中心線上穿，手心向右，指尖向上；右手先小指領勁，略外掤後遞次轉至大指領勁，小臂外旋翻掌上掤，掌心斜向前上，指尖斜向右上偏後（圖1-102、圖1-103）。

圖1-102

圖1-103

3. 左腳前蹬後略回收下落，腳跟著地。雙掌同時向前略下劈出，在下頜前相合，交叉點在下頜高度，重心偏右（圖1-104）。

4. 雙掌坐按加掤勁。左腳落實（圖1-105），向左轉身轉腳，左腳腳掌貼地，以腳跟為軸向斜角方向旋轉；同時，右腳跟微離地，以腳掌為軸旋轉，重心仍偏右腿（圖1-106）。

圖1-104

圖1-105

圖1-106

5. 移重心至左腿，提右膝成左獨立步。右肘與右膝相合，兩臂掤圓（圖1–107）。

6. 身體微下沉，右腳以腳跟裡側貼地向右蹬出，隨即腳扒地（圖1–108）。

7. 身微左轉，重心右移。同時，雙手交叉在中心線，以小指領勁、大指領勁上掤，交叉點與口鼻同高。雙手以大指領勁，遞次轉至小指領勁，略走上弧向左右兩側展開。蹬左腿，合右腿。右掌心向右前，指尖向右前上；左手心向左前，指尖向左前上（圖1–109）。

圖1–107　　　　圖1–108　　　　圖1–109

【要領】

（1）這是一個向右下的挒勁，左掌為切，右掌為採按。

（2）注意雙手掤勁不丟，特別是兩掌翻轉時。

（3）左腳前蹬和雙手前劈、腳落地和雙手相合要同時完成。

（4）雙掌坐按和腳落實要同時完成；轉身時是以左腳

跟和右腳掌同時轉。雙手掤圓，暗含右肘勁。

（5）蹬右腳和雙手有對拉勁。

（6）雙手上掤時注意腰勁下沉，左轉身不宜過。

第十二式 第二斜行

1. 身微右轉，重心略左移。同時，右手以大指領勁，遞次轉至小指領勁，略向右前掤，掌心向右前，指尖向上偏左；左手以小指領勁，隨身轉略走上弧至下頜前中線，掌心向右，指尖向上略偏前（圖1-110）。

2. 雙掌坐按加掤勁。身微左轉，重心右移。同時，左手以大指領勁，遞次轉至小指領勁，隨身轉略向左上掤，高度同肩，掌心向左前，指尖向上偏右；右掌以小指領勁，大指相合，略下沉至下頜前中線，掌心向左偏上，指尖向上偏前（圖1-111）。

圖1-110

圖1-111

3. 雙掌坐按加掤勁。身微右轉，重心左移。右掌隨身轉以大指領勁，遞次轉至小指領勁，先略下沉再略往右上

掤出，高度同肩，掌心向右前，指尖向上偏左；左掌轉至
以小指領勁，大指相合至下頜前中線，掌心向右，指尖向
上。同時，以右腳跟為軸貼地外轉，右腳至斜角方向（圖
1-112）。

　　4. 襠走後弧，移重心至右腿（圖1-113），提左膝成
右獨立步。同時，右掌以小指領勁，大指相合前掤；左掌
以大指領勁，小指相合前掤（圖1-114）。

圖1-112　　　　　　圖1-113　　　　　　圖1-114

　　5. 以下動作同第一斜行7、8、
9、10動作，不同點是：第一斜行動
作8左掌是外切勁，此式是擠勁，在
此說明（圖1-115～圖1-120）。

【要領】

　　陳氏太極拳功夫架雖然有些似重
複的式子，但它們所含勁力等不同。

　　（1）重心左移時，右手原地外

圖1-115

圖1-116　　　　圖1-117　　　　圖1-118

圖1-119　　　　　　　圖1-120

掤，不要回收。

（2）身體左轉時不要轉過，肘膝相合即可，過則犯歪斜之病。

（3）右轉身時，重心只是稍左移即可，不要太過，過則轉換不靈。

第十三式　再　收

再收動作說明及要領、技擊含義同初收，略（圖1-121～圖1-127）。不同的一點是初收提膝下按之合勁，兩

圖1-121　　　　　　　　　　圖1-122

圖1-123　　　　　　　　　　圖1-124

圖1-125　　　　圖1-126　　　　圖1-127

手是左前右後；再收是提膝下採之勁，兩手在膝的兩側，
基本平行，用法上後者更猛烈。

第十四式　第二前蹚拗步

動作同第一前蹚拗步，略（圖1–128～圖1–135）。

圖1–128　　　　圖1–129　　　　圖1–130

圖1–131　　　　圖1–132　　　　圖1–133

圖1–134　　　　圖1–135

第十五式　掩手肱捶

1. 身微右轉再左轉，重心微右移，蹬左腿，合右腿。右手以小指領勁，遞次轉至大指領勁握拳，大指扣在食指和中指的第二關節上（圖1-136），右拳外旋，以小指和小臂的撐鑽勁向右前上方鑽拳，高度在下頜位置；左掌以大指領勁，小指相合外旋翻掌，略往左前上搓，掌心向上略偏前，指尖向左略偏上，比肩略高（圖1-137）。

2. 身微右轉，重心左移，蹬右腿合左腿。右拳和左掌同時以小指領勁，略走上弧向中心線合，拳、掌的距離約一小臂長度，高度在胸的位置（圖1-138）。

圖1-136

圖1-137

圖1-138

3. 雙手以大指領勁，外旋下沉採掛後向左右兩側掤開，高度在腰的位置，雙手心均向上，兩臂掤圓，兩小指有相合之意。重心同時右移，身微左轉（圖1-139）。

4. 身微右轉，重心移左。雙手同時上掤（圖1-140），右手臂裡旋經鼻前中線下沉，高度在心口，拳心向下；左掌同時裡旋下沉，合至右小臂上，掌心向右下方，指尖向右上方。右膝同時提起成左獨立步，右肘與右膝相合（圖1-141）。

圖1-139

圖1-140

圖1-141

5. 右腳向裡側震腳。右拳同時下沉，左掌仍附於右小臂上，兩臂掤圓。重心偏左（圖1-142）。

6. 襠走後弧，重心移至右腿，身微左轉。同時，右拳大指領勁，繼續往前下紮；左掌小指領勁，掌根略往外推（圖1-143）。身微右轉，提左膝成右獨立步（圖1-144）。

圖1-142　　　　　圖1-143　　　　　圖1-144

7. 身微下蹲，左腳以腳跟裡側貼地向斜角方向蹬出，隨即腳抓地。右拳與左掌同時略往前下引，交叉點位置在心口高（圖1-145）。

8. 身微左轉，重心微右移。右拳以大指領勁，往右翻拳；同時，左掌在胸前中線略往外掤（圖1-146）。

9. 身微右轉，重心左移。右拳微裡旋合至左肘，同時左手合至右臂彎裡側，兩臂掤圓（圖1-147）。

圖1-145

圖1-146

圖1-147

10. 身微左轉，重心右移。雙手走弧線上下打開，右拳以大指領勁裡旋向右膝外上方插拳，虎口向裡，拳心向下偏右後；左掌同時以大指領勁，遞次轉至小指領勁，向左前上方展開，掌心斜向左前，指尖向上，高度同肩（圖1–148）。

11. 身微右轉，重心左移。雙手上掤，右拳以大指領勁，掤至肩的高度外旋翻轉，拳心向上；左掌同時以小指領勁，遞次轉至大指領勁，略外掤後外旋翻掌，掌心向上略偏前，指尖向左偏上（圖1–149）。

圖1–148

圖1–149

12. 身微左轉，重心右移，蹬左腿，合右腿。右拳先略外旋上掤，再略裡旋向中心線下沉，拳心向裡偏上，高度在腹前；左掌先略外旋上掤，再裡旋向中心線下沉，掌心向右，指尖向前上，高度在胸部（圖1–150、圖1–151）。

13. 左掌變拳，身微下沉，重心左移。右拳略裡旋，從左小臂下沿中心線向前方打出，拳心向下，高度同肩；

圖1-150

圖1-151

圖1-152

圖1-153

左拳同時裡旋收回左側軟肋處，虎口向上，拳心向裡（圖
1-152、圖1-153）。

【要領】

（1）主要體現胸腰開合之勁和小臂的撐鑽之勁。

（2）移重心與兩手相合要同時進行，注意兩手之
間、肘膝之間的合勁。

（3）著重練習兩手的採掛之勁。兩手掤開與移重心
要同步完成。

（4）動作4、5、6身體上下折疊之勁，注意身法的運

用。

（5）動作7、8、9、10、11、12主要練習身體左右旋轉之勁。

（6）動作13，注意左肘和右拳之間的對拉之勁。

第十六式　十字手

1. 身微右轉，重心微左移，右拳變抓拿手型，以手背領勁往右上方叼，高度同右太陽穴；同時，左拳在腰間變抓拿手，以掌背領勁向左前方掤出，高度於軟肋同（圖1-154）。

2. 身微右轉。左掌繼續以掌背領勁往前上方掤，大約肩的高度時以大指領勁，遞次轉至小指領勁，略外旋翻掌把勁放遠，掌心斜向右上，指尖向左前上；同時，右手以手背領勁略外掤下沉，到大約肩的高度時以大指領勁，遞次轉至小指領勁，略外旋翻掌把勁放遠，掌心斜向前上，指尖向右略偏前（圖1-155）。

圖1-154

圖1-155

3. 左掌上撩，右掌下切後雙掌在胸前交叉合住。同時，重心移右。左手腕扣在右小臂上，左手心向下，指尖向右；右手心向上，指尖向前略偏上，交叉點高度在胸前中線（圖1-156）。

4. 雙掌坐按加掤勁。然後身體微右轉錯步發力，重心移至偏左（圖1-157、圖1-158）。

圖1-156　　　　　圖1-157　　　　　圖1-158

【要領】

（1）雙手在移動之前先略裡合。兩臂要掤圓。

（2）動作3、4，兩手上下相合之前要先前擠再右移，重心相合。

（3）動作4，只是錯步發力，不要起身，更不要往上高跳。

第十七式　第三金剛搗碓

1. 身微右旋。雙手坐按加掤勁，重心在左。身微左旋。雙手以大指領勁，遞次轉至小指領勁，順勢向左下右

上走弧線展開；右掌心向右前，指尖向上，高度同右太陽穴；左掌心向下，指尖向前偏左，高度在左膝上方。重心隨雙手展開而同時移右（圖1–159）。

2. 重心微右移。右手以小指領勁略外掤，左手以大指領勁外旋翻掌同時前掤，掌心向前，指尖向左下。同時，扣左腳（圖1–160）。

圖1–159

圖1–160

3. 重心完全移右，左腳以腳尖貼地裡弧線收至右腳旁。同時，收左手，右手同時略外掤（圖1–161）。

4. 身微右轉，提左膝以腳跟裡側貼地向左前方斜角蹬出，抓地。左手同時前下插掌，掌心向右前，指尖向前下，右掌略外掤（圖1–162、圖1–163）。

5. 身微右轉，重心左移，蹬右腿，合左腿。左掌前上方撩掌，掌心向右上，指尖向前上；右掌同時以小指領勁下沉切掌，找右膝，掌心向前，指尖向右下，高度在右膝上方（圖1–164）。

6. 以下動作同第一個金剛搗碓動作13～17（圖1–165～圖1–169）。

圖1-161　　　　圖1-162　　　　圖1-163

圖1-164　　　　圖1-165　　　　圖1-166

圖1-167　　　　圖1-168　　　　圖1-169

【要領】

本式的動作要領基本上同第一個金剛搗碓，只是多了一個左右斜分掌和上步前插的動作，注意不要起身即可。

第十八式　庇身捶（含背折靠）

1. 身微右轉，重心左移。雙手拳掌相合，雙臂略外旋向右前方伸出，與腹部同高（圖1–170）。

2. 身微左旋，重心右移。雙手拳掌相合走裡弧掛回腹前中心線（圖1–171）。

3. 雙手變叼手，以手背領勁向左右兩側拉開，虎口要撐圓，左手在左膝上方略偏左，右手在右膝上方略偏右。重心在右（圖1–172、圖1–173）。

圖1–170

圖1–171

圖1–172

圖1–173

4. 雙手以大指領勁，遞次轉至小指領勁，外轉雙掌，分別向左右略偏前下插掌，雙掌心均向前上，高度同胯（圖1–174）。

5. 雙掌從左右兩側向上掤。同時，重心移左（圖1–175）。當雙手高過頭頂後走上弧線下沉在胸前中線相合。同時，右腳以腳跟裡側貼地向右側蹬出，落穩（圖1–176）。

6. 雙手握拳（圖1–177），雙臂裡旋。身微右旋略下

圖1–174

圖1–175

圖1–176

圖1–177

沉，重心在左。雙臂外旋拉開雙拳。同時，重心移右。右拳在下頷前中線，拳心向裡，虎口斜向右上；左拳在左肩前，拳心向裡，虎口向上，兩臂掤圓（圖1–178、圖1–179）。此動作稱為背折靠。

7. 雙拳下沉，右拳從中心線下插，高度比膝略高；左拳從左大腿外側下插，高度比左膝略高。重心在右（圖1–180、圖1–181）。

圖1–178　　　　　　　圖1–179

圖1–180　　　　　　　圖1–181

8. 雙拳微裡旋上衝。同時，重心左移（圖1–182）。當雙拳到太陽穴高度時裡合略下沉。重心繼續左移，身微

左轉。右拳在下頜前中心線，拳心向裡，虎口向右略偏上；左拳在左太陽穴左前方，拳心向裡，虎口向上略偏左（圖1-183）。

9. 身微右轉。右拳向右下砸到右膝的外側；左拳走裡弧，向右衝拳至胸前中心線高度。重心在左（圖1-184）。

10. 身微左轉，重心右移。右拳裡旋向前上掤起，拳心向下，高度同右肩；左拳同時略外旋下沉至腹前中線（圖1-185）。

圖1-182

圖1-183

圖1-184

圖1-185

11. 右拳略外旋掛砸，走下弧線下沉至腹前，沿中心線向上衝拳，左拳同時從腹前拉至左腰間（圖1-186）。

12. 當右拳衝至口鼻高度時雙拳裡旋翻轉，右拳略走上弧線，向右上方挪出，高度在右太陽穴前上方，左腕同時坐按，左肘略下壓，左肘和左膝有相合之意（圖1-187、圖1-188）。

圖1-186

圖1-187

圖1-188

【要領】

（1）動作1、2，雙手向右前方伸出時略走弧線，勁往前下走，要突出回掛之勁。

（2）雙手向兩側拉開時，要注意兩臂挪圓下沉之勁。

（3）動作5，右腳跨步時注意身體下沉，不要上拔。

（4）動作8，雙拳裡合時注意右肘和左胯、右肩和右胯、左肘和右胯之間的相合之勁。

（5）動作9，右拳下砸時是連砸帶掛之勁。

（6）動作12，右拳外掤時注意兩拳之間的對拉之勁，身體不要往上起。

第十九式　青龍出水

1. 身微右轉，重心左移。右拳外旋砸到右膝外側，拳心向左前，虎口略偏右上；左拳同時外翻，從腰間掤到胸前中線，拳心向裡，虎口向上，與鼻同高（圖1–189、圖1–190）。

2. 身微左轉，重心右移。右拳裡旋向前上掤起，拳心向下，高度同肩；同時，左拳略裡旋，下沉至腹前中心線，拳心向裡，虎口向上（圖1–191）。

圖1–189　　　圖1–190　　　圖1–191

3. 身微左旋再右旋，重心微右移再左移。右拳先略上挑後外旋，收回合至左小臂上，拳心向上，虎口向前；左拳同時變掌略前下推出，掌心向右偏上，指尖向右前（圖1–192、圖1–193）。

圖1-192

圖1-193

圖1-194

4. 左掌變拳，雙拳上下相合後右小臂從左小臂下向右前方打出，左拳同時下沉收回腹前中線。重心同時右移（圖1-194）。

【要領】

（1）動作3。右拳上挑時注意腰勁下沉，左肘與右拳之間的對拉勁。

（2）右拳打出時注意左肘撐圓，左肘與左膝之間的合勁。

第二十式　雙推掌

1. 身微右轉後再左轉，重心先略左移後再右移。右拳先略找左肩後，再外翻向右前下掛收回，合至腹前中線，拳心偏左上，虎口向右前上；左肘先略找右胯後，左拳略下沉再略上提，與右拳相呼應，拳心向上略偏裡（圖1-195、圖1-196）。

圖1–195

圖1–196

2. 雙拳變抓拿手在中心線上提，手心向裡，指尖向下。重心在左。右掌裡旋手心向外，左掌外旋手心向裡，雙掌背相合向右前下挪出，高度在胸下腹上。重心同時移左（圖1–197、圖1–198）。

圖1–197

圖1–198

3. 身微左轉，重心右移。右手略坐按後以小指領勁遞，次轉至大指領勁，外旋翻掌向右前略偏上插掌，掌心斜向上，指尖略向右前上；左掌同時略外旋，小指微勾，大指相合下沉收回腹前中線，掌心向上，虎口向右（圖

圖1-199

圖1-200

圖1-201

圖1-202

1-199、圖1-200）。

4. 身體繼續左轉，左腳貼地左轉。左手背領勁下沉，小臂掤圓；同時，右掌略前擠。重心在右（圖1-201）。

5. 襠走後弧，移重心至左腿。右掌略下沉後帶領右膝右腳走裡弧線，向右前方斜角上步，腳掌點地；同時，向右前上方穿掌，手心斜向左上，高度同口鼻；左掌同時略上提後再下沉，至腹前中心線（圖1-202～圖1-204）。

6. 雙手以小指領勁，遞次轉至大指領勁，向左右兩側展開，手心向前上，指尖分向左右，高度同肩（圖1-205）。

圖1-203

圖1-204

圖1-205

7. 雙掌翻轉合至頸根挑肘。同時，向斜前方以腳跟裡側貼地蹬右腳（圖1-206）。

8. 雙掌略下沉。同時，重心移至右腿，後雙掌在胸前中線向前推出。同時，左腳以腳尖點地走裡弧線，收回至右腳裡側略偏後（圖1-207、圖1-208）。

圖1-206

圖1-207

圖1-208

【要領】

（1）動作1、2要領同六封四閉動作1、2相似，只不過此處是拳；雙掌外掤時六封四閉是向前略偏上，雙推掌是前下。

（2）動作3、4、5注意兩手之間的對拉勁。

（3）動作6、7、8同六封四閉要領，不同的是本式是向前推掌。

第二十一式　三換掌

1. 身微左轉，重心微右移。雙手以小指領勁向左右兩側打開，遞次轉到大指領勁略下沉。身微右轉，重心左移。雙手同時以大指領勁，遞次轉到小指領勁，在身體中心線順纏捧勁斜上穿掌，左手高度在下頜，右手小指、無名指貼在左小臂上，雙手心均向上，指尖向前上，類似六封四閉接單鞭動作，一開一合，重心由右移左（圖1-209、圖1-210）。

圖1-209

圖1-210

2. 身微左轉，重心右移。同時，右掌先大指領勁坐按，後遞次轉至小指領勁，由左掌心上相錯向前上方略偏右推出，手心略向左前，指尖向左上方，高度在右眼；左掌同時由手背加掤勁墜肘下沉，手心向上，指尖向右，高度在腹前中心線（圖1–211）。

3. 身微右轉，重心左移。左掌在左胸前裡旋翻掌向前略偏右，以掌根為力點打出，手心向右前，指尖向上，指尖高度在下頜前中心線；右掌同時外旋下掛後，以手背為力點，與左掌同步向前略偏右打出，手心向裡，指尖向左，高度在左肘下心口高度（圖1–212～圖1–214）。

圖1–211

圖1–212

圖1–213

圖1–214

【要領】

（1）動作2，雙手拉開時注意兩臂掤圓。

（2）動作3，左掌上翻與右掌下掛要同步進行，然後再同時打出。

第二十二式　肘底捶

1. 身微左轉，重心右移。左掌略回抓下沉至右肘下方，掌心斜向右前下，指尖向右；同時，右肘略向前下掛合在左手上方（圖1-215）。

2. 身微右轉，重心左移。右掌略以大指領勁，遞次轉至小指領勁，向右前上方展開後弧線下沉，至右腰外側握拳；左手同時先以大指領勁，遞次轉至小指領勁，向左下方展開後再遞次轉至大指領勁，外旋翻掌托起，遞次轉至小指領勁，掌心向上偏前，指尖向左上方（圖1-216～圖1-217）。

圖1-215　　　　圖1-216　　　　　　圖1-217

3. 左掌繼續上掤至頭上方，從中心線墜肘下沉，掌心向右，指尖向上，高度同鼻；同時，右拳在腹前直下弧線，與左肘上下相合，拳心向裡，虎口向上，高度在胸口，右臂掤圓（圖1-218、圖1-219）。

圖1-218

圖1-219

【要領】

（1）左手回抓下沉時，左小臂含下壓之勁，右肘掛時注意沉肩，右掌略坐按。

（2）左掌上掤與右掌下沉與身體基本在同一平面上。

（3）注意兩手左右、上下相合之勁，兩臂掤圓。

第二十三式　倒捲肱

1. 身微右轉，重心左移。左掌以小指領勁，大指相合，掌根為力點向前上掤出，掌心向右，指尖向上，高度同口鼻；右拳同時變叼手，以手背領勁向右偏後上方掤開，手心向裡，指尖向左前方，高度同肩（圖1-220、圖1-221）。

2. 雙手同時裡旋翻轉相合，左掌在下頜前中心線，立掌，掌心向右，指尖向前上；右掌同時屈肘合至右頸根。重心移右（圖1-222）。

3. 身微左轉。左掌略回抓下沉，右肘略前下掛與左手

圖1-220　　　　　圖1-221　　　　　圖1-222

相合。左腳同時略走裡弧線，收回至右腳旁略偏前（圖1-223）。

　　4. 左腳裡弧線向斜後方撤步（腳尖朝正前，不可外撇）。同時，右掌以大指領勁，遞次轉至小指領勁向右前方展開，掌心向前略偏左，指尖斜向右前上方，掌根高度同肩；左掌也同時以小指領勁，大指相合，向左胯旁下沉展開，掌心向下，指尖向左前方（圖1-224）。

圖1-223　　　　　　　　圖1-224

5. 雙手同時外旋翻掌，分別向左右兩側前上方上托。重心微右移。雙手同時裡旋翻掌相合，右掌合至下頜前中心線，左掌屈肘合至左側頸根。重心同時移左（圖1–225～圖1–227）。

6. 同動作3，但左右相反（圖1–228）。

7. 同動作4，但左右相反（圖1–229）。

8. 同動作5，但左右相反（圖1–230～圖1–232）。

圖1–225　　　　圖1–226　　　　圖1–227

圖1–228　　　圖1–229　　　　圖1–230

圖1-231

圖1-232

9. 同動作3，（圖1-233）。

10. 同動作4，（圖1-234）。

圖1-233

圖1-234

【要領】

（1）動作1、2，雙手拉開時注意兩臂掤圓，相合時注意墜肘。

（2）後撤步時，注意手腳要同步。腳尖不可外撇。

（3）本式退步要求是「退單不退雙」，即可退一步、三步、五步等均可，最後定式保持在右掌在前、左腳在後。

第二十四式　退步壓肘

1. 身微右轉，重心略左移。同時，右手以大指領勁，遞次轉至小指領勁略向右前掤，掌心向右前，指尖向上偏左；左手以小指領勁，隨身轉略走上弧至下頜前中線，掌心向右，指尖向上略偏前（圖1-235）。

2. 雙掌坐按加掤勁。身微左轉，重心右移。同時，左手隨身轉下沉至左胯外側按掌；右掌以小指領勁，大指相合略下沉至下頜前中線，掌心向左偏上，指尖向上偏前（圖1-236）。

圖1-235　　　　　　　圖1-236

3. 雙掌坐按加掤勁。身微右轉，重心左移。右掌隨身轉先略下沉，再略往右上掤出，高度與肩高，掌心向右前，指尖向上偏左；左掌轉至以小指領勁，大指相合至下頜前中線，掌心向右，指尖向上（圖1-237、圖1-238）。

1、2、3動作，同前蹚拗步拗步接第二個斜行動作相似，只是左手低，右手高。

圖1-237

圖1-238

4. 身微左轉，重心右移。同時，雙手翻轉，右手外旋，左手裡旋，在身體右前似抱球轉狀；右掌下切，左掌上翻；右掌心向左上指尖前下，高度在腰部；左掌心斜向右下方，指尖向右上方，高度在胸前（圖1-239）。

5. 左手在胸前變叼手，屈肘下壓，左肘與右掌相合。同時重心移左（圖1-240、圖1-241）。

圖1-239

圖1-240

圖1-241

6. 右腳走裡弧線，經左腳裡側向右後方撤步震腳。同時，左掌以大指領勁，遞次轉至小指領勁向左前方展出，掌心向前偏右，指尖向上偏右，掌根高度同左肩；右掌同時變抓拿手，抓收至左胸前（圖1-242、圖1-243）。

圖1-242　　　　　　　　　　　　圖1-243

【要領】

（1）雙手抱球翻轉時，注意兩手之間的絞勁。

（2）左掌變叼手、左肘下沉時，注意運用胸腰之勁。

（3）右腳撤步、左掌前展開與右手回抓要同步。

第二十五式　中　盤

1. 身微左轉，重心右移。右掌從左小臂下向右前方打出，掌心向上，指尖斜向前上方，高度同肩；左掌同時變叼手，回抓至胸前中心線，手心斜向前下，指尖向右略偏上（圖1-244）。

2. 身微右轉，重心左移。左肘與右手在胸前相合，左掌合於右臂彎裡側（圖1-245）。

圖1-244

圖1-245

3. 身微左轉，重心右移。左掌以大指領勁，遞次轉至小指領勁，略前擠後向左前上方弧線展開，掌心向前略偏右，指尖向上略偏右，掌根高度同左肩高；右掌同時回抓下沉至右腹側，手心向裡，指尖輕貼於腹部（圖1-246）。

4. 身微右轉，重心左移。右掌以小指領勁，大指相合下按於右胯外側，掌心向下，指尖向前；左掌同時弧線下切至腹前中心線，手心向左，指尖向前（圖1-247、圖1-248）。

圖1-246

圖1-247

圖1-248

5. 重心完全移至左腿。左掌在腹前中心線略裡旋翻掌，變叼手上提後再外旋，以手背為力點，從下頜前略偏下方打出，指尖向上，手心向裡；右掌同時外旋上托後，再裡旋橫掌在額前上方，向前略偏下方打出。同時，提右膝。右掌心向前略偏上，指尖向左略偏上，右肘與右膝相合（圖1-249、圖1-250）。

6. 震右腳於左腳裡側，兩腳距離一肩寬。雙掌同時下沉合於右腹前，左掌心向上，指尖向右；右掌心向下，指尖向左前。重心偏左腿（圖1-251）。

圖1-249　　　　　圖1-250　　　　　圖1-251

7. 身微左轉，重心完全移至右腿；同時，提左膝向左後斜方撤步。同時，雙掌相合向右前方略掤，與左腳成對拉之勢（圖1-252～圖1-254）。

8. 身微右轉，重心左移。同時，左手與右肘相合後從右小臂下腹前中線變叼手，走弧線以手背領勁掤出，手心向裡，指尖右下，高同右太陽穴；左手同時以肘略下壓

圖1-252　　　　圖1-253　　　　圖1-254

圖1-255　　　　圖1-256　　　　圖1-257

後，弧線按至右膝外側，掌心向下，指尖向右前（圖1-
255～圖1-257）。

【要領】

（1）動作1，左手回抓與右手外展要有一對拉之勁；
右掌從左小臂下與右掌相錯外展。

（2）動作2，右掌與左肘相合時運用身法，左掌找右
臂，身法練習需口傳身授，非筆墨能述。

（3）動作4，是一個右下捋的動作。

（4）動作5，雙手向前下方打出時，眼睛從兩手中間向前看。

（5）動作6，右掌有將物拍入地下之意。

（6）動作8，右肘有下掛之意，與左手相合。

第二十六式　白鶴亮翅

1. 身微右轉，重心繼續左移，蹬右腿合左腿。左手從頭側上方向右下方按掌，掌心向右下，指尖向右略偏上，高度至腰；右掌同時外旋翻掌，略往前下掛掌後屈肘收回至左肘下，掌心向裡，指尖向左，虎口向上與左肘相合（圖1–258、圖1–259）。

圖1–258

圖1–259

2. 身微左轉，重心右移。左掌回抓下沉至右肘下，向左膝外側展開，小指領勁，大指相合，手心向下，指尖向左前；右肘同時略前下掛肘，右掌以大指領勁，遞次轉至小指領勁，向右前上方展開，掌心向前偏右，指尖向上，高度同右太陽穴（圖1–260、圖1–261）。

圖1-260　　　　　　　　　　圖1-261

3.身微右轉，重心左移。左掌以小指領勁，遞次轉至大指領勁，向左上方掤掌後外旋翻掌裡合於小臂上，掌心向右，指尖向上；右掌同時以小指領勁，遞次轉至大指領勁，外旋下沉後略屈肘收回，合至胸前中心線，小臂與左掌相合，手心向上偏左，指尖向前偏上（圖1-262、圖1-263）。

4.其餘動作同第一個白鶴亮翅後幾動，略（圖1-264）。

圖1-262　　　　　　圖1-263　　　　　　圖1-264

【要領】

（1）左掌向右下按是連按帶蓋之勁，注意右臂掤圓。

（2）注意左手回抓與右肘下掛後兩臂之間的相合之勁。

第二十七式　斜行拗步

1. 身微左轉，重心在右。右手大指領勁，遞次轉至小指領勁上穿，逐漸合至眼前中心線，掌心向左上，指尖向上略偏右；左手隨右手動作，同時以小指領勁，大指相合略下沉外掤，掌心向下，指尖向左前（圖1–265）。

2. 身微右轉，重心略左移。右掌中心線下沉，掌心向左，指尖向上；左掌轉至，以大指領勁，遞次轉至小指領勁，上穿至比肩略高時外旋翻掌，手心向上偏右，指尖向左上（圖1–266）。

圖1–265

圖1–266

3. 身向右轉，重心繼續左移，右腳貼地，以腳跟為軸，左腳以前腳掌為軸，腳跟微離地，外轉至斜角方向。

右手隨身體右轉同時下沉，以小指領勁，大指相合按至右胯外側，掌心向下，指尖向前；左掌同時以大指領勁，小指相合，向下頜前中心線前劈掌，掌心向左，指尖向上，指尖高度在下頜（圖1-267）。

4. 襠走後弧，移重心至右腿。左掌以小指領勁，大指根催勁，在中心線前掤；右掌同時以小指領勁，大指根催勁略外掤（圖1-268）。

5. 重心完全移至右腿，提左膝成右獨立步。左肘與左膝相合（圖1-269）。

圖1-267　　　　　圖1-268　　　　　圖1-269

6. 身微左轉。右掌以大指領勁，遞次轉至小指領勁，於身體中心線左腕裡側穿掌後坐按加掤勁，掌心向左下，指尖向左上；左掌略前掤，高度不變（圖1-270）。

7. 身微右轉下沉，左腳以腳後跟裡側貼地，向斜角蹬出，略裡扣扒地。左掌繼續前掤，高度基本不變；右手同時略走上弧，以小指領勁，遞次轉至大指領勁，向右前上

圖1-270

圖1-271

方展開，掌心右前，指尖斜向上，指尖高度在右耳（圖
1-271）。

8.身微右轉再左轉。左手先以大指領勁坐按，然後向
左側後弧線經過左膝前向左外切掌，掌心向下，指尖向左
前；同時，右手先以大指領勁外掤，然後小臂外旋轉掌，
以小指領勁合至右側頸根（圖1-272、圖1-273）。

圖1-272

圖1-273

9. 左手五指捏攏變勾手，微裡旋向上提起，腕部與肩高；右手、肘同時略下沉前掤，掌心向前偏左，指尖向上。重心隨左勾手上提而左移，蹬右腿，合左腿（圖1-274）。

10. 右掌以大指領勁，略前推後轉至小指領勁上掤，再轉至大指領勁向右外展開，再轉至小指領勁略下沉；左勾手隨右手展開而向左微外掤。蹬右腿，合左腿（圖1-275）。

圖1-274　　　　　　　　　　圖1-275

【要領】

（1）右手上穿是含有以小魚際為力點的向上挫勁，左手下沉與其有對拉勁。

（2）右掌從中心線下沉含有向下抓的勁，要與左手上穿相呼應。

（3）右轉身、右手下按、左掌前劈要同時完成；左腳掌、右腳跟同時旋轉。

（4）動作5提左膝時要注意右胯鬆沉，身體不要上拔。

（5）動作6，右掌前穿時左掌繼續前掤，不要回收。

（6）動作7，蹬左腳和右手展開、左掌前掤要同步完成。

（7）動作8，左掌外切和右掌裡合要同時完成，左轉腰不要過，肩胯要合住。

（8）提勾手、右掌下按、移重心要同時完成。

第二十八式　閃通背

1. 身微右轉，重心略左移，蹬右腿，合左腿。左勾手變掌（圖1–276），雙手同時以大指領勁，略走下弧線向胸前中心線相合，兩手相距約一拳，手心略向前下，指尖略向前上（圖1–277）。

圖1–276

圖1–277

2. 雙手從中心線以小指領勁上掤，再轉至大指領勁，依次轉至小指領勁，略走上弧向左右兩側展開。同時，重心隨兩手展開而移向右腿，蹬左腿，合右腿。兩手高度比肩略高，左手略向左前，指尖向上；右手心略向右前，指尖向上（圖1–278、圖1–279）。

3. 雙手以小指領勁微螺旋下沉，再依次轉至大指領勁

圖1-278

圖1-279

向身體中線前上方相合捧出。同時，重心移至左腿，蹬右腿，合左腿。左掌在前，掌心略向右上，指尖向前上；右掌在後，掌心略向左上，指尖向前上，右手高度在胸口；左手略高，右手小指輕貼於左小臂裡側（圖1-280）。

4. 身微右轉，重心左移。右掌裡旋，以掌根往外加掤勁合於左臂彎裡側，左掌同時裡旋合於右肘。身微下沉，同時右腳內扣（圖1-281）。

5. 身微左轉，重心右移（圖1-282）。左腿用腳尖點地後掃約135度，收至右腳裡側，腳尖點地；右腳同時以

圖1-280　　　　圖1-281　　　　圖1-282

腳跟為軸，腳尖貼地裡轉，同時，右肘隨身轉橫打（圖
1-283）。

　　6. 身微右轉，重心左移。雙手以腕交叉向右上方掤，
高度同鼻（圖1-284）。

　　7. 身微左轉，重心右移。左掌與右肘相合後變叼手，
向左側略偏上拉開，手心向裡，指尖向右，高度同肩；右
掌同時裡旋，與左臂彎相合後略坐按，後以大指領勁，遞
次轉至小指領勁，略走上弧向右方展開，掌心向右前，指
尖向上，高度同右肩（圖1-285、圖1-286）。

圖1-283　　　圖1-284　　　圖1-285　　　圖1-286

　　8. 身微右轉，重心左移，同時以左腳掌和右腳跟為軸
轉身。左掌以大指領勁，遞次轉至小指領勁，上掤後隨身
轉向前下方蓋掌推出，掌心向前下方，指尖向前上方，高
度在嘴的位置；右掌同時外旋下掛，後收至右側軟肋處，
手心向上，指尖向左（圖1-287、圖1-288）。

　　9. 襠走後弧，移重心至右腿；同時，提左膝向左前方

圖1-287　　　　　　　　　　圖1-288

圖1-289　　　　　圖1-290　　　　　圖1-291

上步，左腳略裡扣，落實後移重心至左腿。同時，左掌下按至左胯外側，掌心向下，指尖向前偏右；右掌同時從中心線向前上方穿掌，掌心向上，指尖向前上，高度同下頜（圖1-289～圖1-291）。

10. 身右轉，重心繼續移左，略往左送胯，兩腳同時以雙腳掌為軸旋轉。同時，左掌以小指領勁，遞次轉至大指領勁，外旋翻掌上托，手心向上，指尖向左上，高度在

頭的左側上方；右掌同時以大指領勁，遞次轉至小指領勁，裡旋翻掌上托，掌心向前上，指尖向左上，高度在右額前上方，兩手距離一小臂寬（圖1–292）。

11. 身體右轉，右腳以腳尖點地後掃180度至左腳右側略後，左腳以腳跟為軸，同時扣腳，兩腳距離一肩寬。左掌同時向前切掌，掌心向右，指尖向上，高度同左肩；右掌同時下按至右胯外側，掌心向下，指尖向前偏右（圖1–293）。

圖1–292　　　　　　　　圖1–293

【要領】

（1）兩手相合時注意身體的鬆沉之勁。

（2）後掃左腿時注意身體中正，不要歪斜。

（3）動作4，兩手拉開時注意沉肩墜肘。

（4）動作5，左手向前方蓋掌和右手回拉要同步進行。左掌下蓋時，注意運用整體之勁。

（5）動作6，右掌穿掌和左掌下按要同步進行；身體鬆沉不要上拔。

（6）動作7，左掌上掤時，右掌先略上穿再翻掌上掤；轉雙腳時注意先微向左送胯。

第二十九式　掩手肱捶

1. 右手握拳，左掌繼續略前掤。重心微移左。右手從中心線屈肘提起，隨左掌向前下掛出。重心同時移右（圖1-294）。

2. 左掌與右拳同時下沉到腹前向身體兩側拉開，重心在右，雙手同時向上掤起。重心移左腿；同時，提右膝。右拳裡旋，從中心線下紮，左掌合於右小臂上（圖1-295～圖1-297）。

3. 以下動作同第一個掩手肱拳。

【要領】

（1）雙手前下掛時有一個折手動作，重心先微左移後再右移。

圖1-294　　　圖1-295

圖1-296

（2）其餘要領同第一個掩手肱拳，略（圖1-298～圖1-307）。

圖1-297　　　　　　圖1-298　　　　　　圖1-299

圖1-300　　　　　　圖1-301　　　　　　圖1-302

圖1-303　　　　　　　圖1-304

圖1-305　　　　圖1-306　　　　圖1-307

第三十式　大六封四閉

1. 右拳與左肘略合後外旋向前掛，左拳順勢外旋下掛。重心同時移右略（圖1-308）。

2. 右拳下沉裡合於左腕處，左拳同時裡旋微上提，與右拳相合。重心同時移左（圖1-309）。

3. 雙拳在中心線上，提至胸部後變掌向前掤出，右掌心向外，左掌心向內。重心同時移右（圖1-310）。

圖1-308　　　　圖1-309　　　　圖1-310

4. 雙手同時往右上方掤出。重心左移（圖1-311）。

5. 身微左轉，重心右移。雙手下沉拉開，左掌變叼手，以手背領勁下沉至腹前中心線，手心向裡偏上，指尖向右，左臂掤圓；右掌同時外旋下沉，至腰部高度略向前擠出，掌心斜向左上，指尖向右（圖1-312）。

6. 轉左腳，重心移左；同時，提右膝。右掌同時向右前上方托起，掌心向上，高與肩平；左叼手也同時從中心線以手背領勁，向左太陽穴外掤起，手心向裡偏下，指尖向前下（圖1-313、圖1-314）。

圖1-311

圖1-312

圖1-313

圖1-314

7. 雙手向左右兩側打開後，同時翻掌合至頸根。同時，右腳跟裡側貼地向右蹬出（圖1–315、圖1–316）。

8. 以下動作同六封四閉後幾動，略（圖1–317、圖1–318）。

圖1–315　　　　　　　　　　圖1–316

圖1–317　　　　　　　　　　圖1–318

【要領】

（1）注意運用胸腰折疊之勁，左右旋轉之勁。

（2）動作5，提膝叼托時，不要起身，注意身體上下相合之勁。

第三十一式　單　鞭

動作說明、要領同前單鞭，略（圖1–319～圖1–326）。

圖1–319

圖1–320

圖1–321

圖1–322

圖1–323

圖1–324

圖1-325

圖1-326

第三十二式　雲　手

1. 身微右轉，重心左移。右鉤手變掌，雙掌往右下方沉，右掌下按至右膝上方，掌心向前下，指尖向前上方；左掌同時弧線下沉至腹前中心線，掌心向右，指尖向前（圖1-327）。

2. 身微左轉，重心右移。左掌以大指領勁，遞次轉至小指領勁，從中心線上穿至頭部後，略走上弧線向左前上方展開，手心向左上方，指尖向右上方，高度在左太陽穴外側偏前上方；右掌以小指領勁，遞次轉至大指領勁，掤至右眼右前上方後外旋翻掌，略走上弧線合至眼前中心線，手心向左，指尖向上（圖1-328）。

3. 身微右轉，重心左移。雙掌略坐按下沉。同時，轉右腳，身微左轉，重心移右；同時，收左腳至右腳裡側，腳尖點地。右掌坐按，略下沉後走上弧線，以小指領勁，大指相合向右前方展開，手心向右前偏上，指尖向上偏

圖1-327

圖1-328

左；左掌同時坐按下沉切至腹前中心線（圖1-329、圖1-330）。

4. 提左腳，以腳跟裡側貼地向左蹬出。雙手同時略右前掤（圖1-331）。

圖1-329　　　　圖1-330　　　　圖1-331

5. 身微右轉，重心左移；同時，收右腳至左腳裡側，腳尖點地。左掌在中心線以大指領勁，遞次轉至小指領勁

穿掌，微坐按後向左前上方展開，手心向左偏上，指尖向右上，高度在左眼左前上方；右掌同時下沉至腹部高度後，略前擠切至腹前中心線，掌心向左偏上，指尖向前（圖1–332～圖1–334）。

圖1–332

圖1–333

圖1–334

6. 身微左轉，重心移右，提左膝向左側蹬腳。右掌從中心線以大指領勁，遞次轉至小指領勁，穿掌後微坐按向右前上方展開，掌心向右偏上，指尖向左上方，高度在右眼左前上方；左掌同時下沉至腹部，略前擠後切至腹前中心線，掌心向右，指尖向前。

如此反覆，數量不限。如往右走，只需右腳不回收，直接向右跨一小步，再收左腳，如此反覆。最後的定式是，左腳不收腳，略往左跨一小步，身體重心移右（圖1–335、圖1–336）。

圖1-335　　　　　　　　圖1-336

【要領】

（1）右掌向右下方按掌時有找腳之意。

（2）雙手上掤後略前擠再左捋。

（3）雙手向右掤與收左腳要同步進行。

（4）雙手向左掤與收右腳要同步進行。

雲手有兩種練法：一種大身法，身轉動；另一種小身法，手只在胸前腹前畫圓，靠身法帶動。

雲手按步法分為三種：併步雲手、插步雲手和蓋步雲手。這裡講解了併步雲手。

第三十三式　高探馬

1. 身微左轉，重心微右移。左掌以大指領勁，遞次轉至小指領勁，在中心線上穿至下頜高度，微坐按後前擠；右掌同時以小指領勁，遞次轉至大指領勁，在身體右側偏前方下沉至腹部高度，微坐按前擠。身體繼續左轉，蹬左腿，合右腿，左腳以腳後跟為軸腳掌貼地外轉。雙掌繼續

隨身轉而前擠（圖1-337）。

2. 襠走後弧，移重心至左腿，如同金剛搗碓轉身向前上右步動作。左掌大指領勁，由外向內畫圓，後收回合至右小臂上；右掌帶著右腳同時提右膝，向前上穿掌與左掌相合，高度在胸前（圖1-338、圖1-339）。

圖1-337　　　　　　圖1-338　　　　　　圖1-339

3. 身微下沉，右腳以腳跟裡側貼地向左後方斜角蹬出，後落實抓地，雙掌相合微左掤（圖1-340）。

4. 襠走後弧，移重心至右腿。雙掌在胸前微裡旋坐按外掤，含胸掤腰（圖1-341）。

5. 襠走後弧，移重心至左腿。雙掌在胸前中心以小指領勁，遞次

圖1-340

轉至大指領勁，上掤後走上弧線向左右兩側展開，雙掌與肩同高，掌心分左右略偏前，指尖向上（圖1-342）。

6. 雙掌分別向左右上方，略外旋上托後裡旋合至胸前

圖1-341

圖1-342

中心線，左掌心向右，指尖向上略偏前；右掌屈肘合與右頸根，掌心向左，指尖向後偏上。同時，右腳裡扣，移重心至右腿（圖1-343、圖1-344）。

7. 重心繼續右移；同時，左腳以腳尖貼地後掃135度，收回至右腳裡側，前腳掌點地，右腳順勢以腳跟為軸裡扣。右掌同時坐按後從左手上方向右前上方上弧線展出，左掌同時回摟，與右肘相合後沉至腹前中心線，雙手的高度同懶紮衣定式的高度，唯腳下步型不同（圖1-345）。

圖1-343

圖1-344

圖1-345

【要領】

（1）本式動作1、2，同金剛搗碓動作要領，只是多了一個穿掌動作。動作3、4、5要領，同前蹚拗步，唯方向不同。

（2）動作6，注意雙掌上托時扣右腳，雙掌相合時移重心。

（3）轉身掃腿前注意雙手相合的勁，左掌與右肘相合。

第三十四式　右擦腳

1.同懶紮衣接六封四閉動作，右掌先略合再下沉，雙手從中心線提起，掤出再翻掌叼起。重心倒換依次是右、左、右（圖1-346～圖1-350）。

2.重心完全移右腳，提左膝向右前方蓋步。左掌同時以大指領勁，遞次轉至小指上掤後向右前下方蓋掌；右掌同時略下沉，外旋下掛後收回與左掌相合；左掌腕部合在右小臂上，右掌心向上，左掌心向下，交叉點在胸前中心

圖1-346

圖1-347

圖1-348

線（圖1–351、圖1–352）。

3. 重心移左。雙手同時先坐按前掤，後再上掤至頭頂，分向左右兩側下沉拍掌。同時，提右腳，以腳背為力點向右前上踢起。右掌同時拍擊右腳背（圖1–353～圖1–355）。

【要領】

右擦腳和左擦腳的動作要領基本相同，請參考左擦腳。

圖1–349　　　圖1–350　　　　圖1–351　　　圖1–352

圖1–353　　　圖1–354　　　　圖1–355

第三十五式　左擦腳

1. 雙掌同時外旋略走下弧線，在胸前中線相合，右掌心向左上方，左掌心向右偏上方，雙手指尖均向前上方，交叉點在胸前中心線高度。右腳同時向前方蹬腳後以腳跟著地落步（圖1–356）。

2. 右腳落實。雙手同時裡旋坐按，向外加掤勁。右轉身，同時以腳跟為軸，腳掌貼地外轉左腳。雙掌繼續坐按外掤（圖1–357、圖1–358）。

圖1–356　　　　　圖1–357　　　　　圖1–358

3. 重心完全移至右腿，提左膝，以腳背領勁向左前上方踢起。雙手同時上掤至頭頂後，分向左右兩側拍掌，左掌拍擊左腳面（圖1–359、圖1–360）。

【要領】

注意移重心時雙手同時上掤至頭頂；拍掌時身體有沉墜之勁，不要起身；支撐腿鬆沉。

圖1-359　　　　　　　　　　　圖1-360

第三十六式　轉身左蹬腳

1. 身微右旋略下沉，再左旋略上升。左掌下沉切至腹前中心線後裡旋變叼手，上掤至口鼻高度，以手背為力點向前打出，手心向裡，虎口要圓並向上，指尖向上；右掌同時下按至右胯外側，後外旋翻掌上托至肩的高度，微裡旋屈肘合至右頸根，手心向前方，指尖向左上方。左膝同時微提，與左肘相合（圖1-361～圖1-363）。

圖1-361　　　　　圖1-362　　　　　圖1-363

2. 以右腳跟為軸，身體左轉約90度；左腳同時以腳跟為力點，下勾，再提起。右掌同時微坐按後從左掌上面向前略偏下方推開，掌心斜向右下方，指尖向右上偏前方；左掌同時以掌背為力點，向下向後方撩掌，掌心向左下方，指尖向左上偏前方（圖1-364、圖1-365）。

3. 身微下沉。雙掌同時外旋下沉合至腹前中心線，兩手腕部相搭，左掌在上，右掌在下（圖1-366）。

圖1-364　　　　　　圖1-365　　　　　　圖1-366

4. 雙手握拳，從中心線上提至胸前後分別向左右兩側平衝拳，拳心均向下。同時，向左側蹬左腳（圖1-367～圖1-369）。

【要領】

（1）雙手下拍後不要收回，直接下沉。

（2）要求左腳下沉、勾、提與左轉身、推右掌、撩左掌要同步進行，身體不要歪斜。

（3）動作4，左蹬時身體不要歪斜。

圖1-367　　　　　圖1-368　　　　　　　圖1-369

第三十七式　前蹚拗步

1. 雙拳變掌，微外旋略下沉合至胸前中心線，右掌在上，左掌在下。左腳同時收回並前蹚後向前方以腳跟著地（圖1-370、圖1-371）。

2. 其他動作同第一個前蹚拗步，略（圖1-372～圖1-376）。

圖1-370　　　　　圖1-371　　　　　圖1-372

圖1-373

圖1-374

圖1-375

圖1-376

【要領】（略）

第三十八式　擊地捶

1. 接上式的動作同前蹚拗步接斜行動作（略）（圖1-377～圖1-381）。

2. 身體左轉，重心微右移。雙手同時握拳，左拳微裡旋下沉至左膝外側，拳心斜向左下；右拳同時外旋，屈肘合至頸根右側（圖1-382、圖1-383）。

圖 1-377　　　　　　　　圖 1-378

圖 1-379　　　圖 1-380　　　圖 1-381

圖 1-382

圖 1-383

3. 襠走後弧，移重心至左腿。同時，左拳微裡旋上提掤，至左太陽穴高度，右拳同時微裡旋從中心線下打（插拳）。注意身體不要前傾（圖1-384）。

圖1-384

【要領】

（1）本式前幾動要領同斜行要領。

（2）動作3，右拳下紮時，運用身法整體下沉，非一拳之力。

第三十九式　翻身二起腳（含神仙一把抓）

1. 身微右轉再左轉。右拳在身法帶動下變掌走一小圓向左下抓出，同時握拳，拳心向下，高度在腹前；左拳同時隨身法收回至胸前中心線。重心先微左移再右移再移左（圖1-385）。

本動作稱為「神仙一把抓」。並非有的人所說的擊地錘就是「神仙一把抓」。

2. 身微左轉，重心繼續微右移。同時，左拳微裡合下沉，與右拳交叉後紮至左膝上方，拳心斜向左下方；右拳同時上提，向右上方打右肘，拳心向右下方，高度在右肩前（圖1-386）。

3. 身微下沉，勾左腳。左拳下沉裡合後略外旋屈肘向上兜起，手心向裡，虎口向左後，高度同左太陽穴；右拳同時向左上方略偏前掤出，後向右下方砸出，拳心向上偏

圖1-385

圖1-386

左,虎口向右偏上,高度在右大腿外側上方。同時,重心移至左腿,身體以左腳跟為軸右轉135度,右腳同時以腳尖點地後掃,經左腳裡側偏前方向以腳尖點地伸出,成左虛步(圖1-387、圖1-388)。

圖1-387

圖1-388

　4.重心移至右腳,身微右轉。左拳隨之向鼻前中心線以拳背領勁掤出,拳心向裡;右拳同時外旋下沉,後略裡旋,經身體右後旋屈肘上翻至右頸根,拳心向前,右肘下

墜與左拳相合。右腳尖點地（圖1-389、圖1-390）。

5. 重心完全移至右腿，右腳掌蹬地，左腳向上踢起，在左腳將落未落之時，右腳隨之向上踢起。左拳下沉，經身體左側向後方變掌撩出，掌心向左後，指尖向上；右肘略前挑，右拳變掌向前拍擊右腳面。左腳掌落地，隨即踏實，成左獨立步。右掌心向下，指尖向前，高度比肩略低；左掌心向左後下方，指尖向左後上方（圖1-391～1-393）。

圖1-389

圖1-390

圖1-391

圖1-392

圖1-393

【要領】

（1）「神仙一把抓」完全靠胸腰折疊的身法快速做出；慢動作是做不出來的。

（2）左拳下紮與挑右肘、移重心要同步完成。

（3）右轉身掃右腿身體不要歪斜，前俯後仰，做到左拳上兜、右拳下砸、掃右腿同步完成。

（4）踢二起是本套拳之上縱之法，兩腳交替上踢，落地後要穩。

第四十式　護心捶

1. 身微左旋微下沉，再右旋微上升。右掌下沉至腹前中心線後，以大指領勁，遞次轉至小指領勁，向上穿掌至下頜高度；左掌同時下沉至左胯外側後，以小指領勁，遞次轉至大指領勁，外旋翻掌上托至左耳高度，左掌心向上，指尖向左偏上；右掌心向右，指尖向上（圖1-394、圖1-395）。

2. 右腳向左腳裡側偏前約半腳震腳，兩腳距離約一肩寬。同時，雙掌向右前方發力，左掌屈肘下沉合至胸前中

圖1-394

圖1-395

心線，掌心向右，指尖向上；右掌同時向右前略上方展出，掌心向前偏右，指尖向上偏前，高度在右太陽穴偏前方（圖1-396）。

3. 襠走後弧，移重心至右腿；同時，提左膝，以腳跟裡側貼地向左後方斜角蹬出後扒地。雙掌微外掤（圖1-397、圖1-398）。

圖1-396　　　　　　圖1-397　　　　　　圖1-398

4. 襠走後弧，移重心至左腿；同時，收右腳至左腳裡側，腳尖點地。雙掌同時下沉前擠後，左掌向左前上方展出，右掌同時屈肘上穿至下頜前中心線，左掌心向左前，指尖向右前偏上方，高度在左太陽穴；右掌心向上偏左，指尖向前偏上方（圖1-399、圖1-400）。

5. 雙掌變拳下沉後翻轉相合，同庇身捶的動作7、8。同時，向右跨步，後右轉身下砸，右拳砸至右膝上方，拳心向上；左臂屈肘橫衝拳至下頜前中心線，拳心向裡（圖1-401～圖1-405）。

圖1-399

圖1-400

圖1-401

圖1-402

圖1-403

圖1-404

圖1-405

6. 身微左轉，重心右移。右拳上衝後屈肘收回合至右頸根，拳心向下，虎口向後；左拳同時下沉至腹前中心線，拳心向裡，虎口向上（圖1–406）。

7. 略開右胸，右拳微裡旋後引，左拳同時裡旋外掤，與右拳成對拉之勢，雙拳同時外旋合力向前震出，拳心均向裡，虎口均向上，右拳在胸前中心線高度，左拳在腹前中心線高度（圖1–407）。

圖1–406　　　　　　　　　　　圖1–407

【要領】

（1）雙掌下沉有向前下拍擊之意。

（2）雙掌向右發力與震右腳同步完成。

（3）動作5要領同庇身拳，只是本式蹬右腳跨步。

第四十一式　旋風腳

1. 身微左轉，重心微右移。雙拳變掌，左掌心向下，右掌心向上，向左側略前下方切掌（圖1–408）。

2. 身微右轉，重心左移。右掌以大指領勁，遞次轉至

小指領勁，從中心線上穿後略走上弧，向右前上方展開，掌心向右前偏上，指尖向左上方；左掌同時向左上反掤出，超過頭頂後屈肘合至下頜前中心線，掌心向左，指尖向上方（圖1-409）。

3. 重心完全移至左腿，提右膝成左獨立步。左掌在中心線下裡旋下沉，經腹前左前上方翻轉展開，掌心向左下，指尖向右上方，高度同左太陽穴；右掌同時外旋翻轉下沉，經腹前向前上領勁掤出，掌心向上，指尖向前，右肘與右膝相合（圖1-410、圖1-411）。

圖1-408

圖1-409

圖1-410

圖1-411

4. 雙掌略裡旋向左右兩側展開後，再外旋略走下弧，裡合在下頜前中心線，左手在外，右手在內；左掌心向右，指尖向上；右掌心斜向左上方，指尖向前上方，雙掌腕部交叉。右腳同時向前蹬，以腳跟落地（圖1–412、圖1–413）。

5. 右腳落實。雙掌坐按加掤勁。同時，右轉身，以腳跟為軸貼地外轉右腳，左腳以前腳掌為軸同時旋轉（圖1–414）。

圖1–412　　　　　　圖1–413　　　　　　圖1–414

6. 重心右移，左腳向左側上方裡合踢起。雙掌同時微裡旋向左右展開，左掌橫拍左腳裡側，右掌心向右下方，指尖向前偏上方，高與肩平（圖1–415）。

7. 身微下沉，右轉180度。雙臂微外旋下沉後翻掌上托，再裡旋屈肘合至胸前中心線，兩掌以腕部交叉，左掌在內，右掌在外；左掌心向右下，指尖向右上方；右掌心向左下，指尖向左上方。左腳略下沉後上提裡合踢起，腳

掌落地，兩腳同肩寬；同時，右腳以腳後跟為軸右轉身180度，重心偏右（圖1–416～圖1–419）。

圖1–415　　　　　　圖1–416

圖1–417　　　圖1–418　　　圖1–419

【要領】

（1）雙掌向左側下切時，左掌略低，右掌略高，在中心線雙掌合力下切。

（2）動作3，左胯鬆沉；雙手上掤時，不要起身。

（3）雙手相合與腳落地同步進行。

（4）動作6，踢完腿後左腳不落地，運用胸腰折疊之

勁把左腳帶起來右轉身踢腿，氣沉丹田。初學者和老年人，可以踢完左腳後左腳先落地，腳尖點地轉身再起腿。雙手相合與跨左步要同步進行。

（5）作為表演，動作6、7可以直接踢腿旋轉180度，踢一腿，作為練功，必須踢兩腿。

第四十二式　右蹬一根

1. 雙手從身體兩側下沉，合向腹前中心線，並從中心線向上托起至下頜高度，後分向左右兩側略前上方展開。同時，提左腿向左側跨一小步（圖1-420～圖1-422）。

圖1-420　　　　圖1-421　　　　圖1-422

2. 雙手略外旋下沉，合至腹前中心線。同時，重心移左腿，收右腿至左腿裡側，腳尖點地。左掌在上，右掌在下，左掌心向右，指尖向前下方；右掌心向左，指尖向前下方（圖1-423、圖1-424）。

3. 雙手在身法帶動下快速向前下引，後裡旋握拳上提

至胸前。同時，提右膝。兩拳心均向下，虎口向裡，兩拳面相距約一橫拳寬（圖1-425、圖1-426）。

4. 雙拳分別向左右平衝拳，拳心均向下，虎口均向前。同時，向右側蹬右腿（圖1-427）。

圖1-423　　　　　　　　　　圖1-424

圖1-425　　　圖1-426　　　圖1-427

【要領】

（1）提左腿跨步時身體不要起。

（2）蹬右腳時，身體儘量保持中正。

第四十三式　海底翻花

1. 身微下沉。雙拳同時下沉，右拳沉至腹前，左拳沉至左胯外側。同時，右腳收回並微下沉（圖1-428）。

2. 身微上升。同時，右拳從中心線上提打出右肘，左拳繼續下沉（圖1-429）。

3. 右拳略外旋，向右膝外側砸拳；左拳同時外旋翻拳，屈肘上兜。同時，左腳以腳後跟為軸，右轉身體約90度；右腳同時下沉，以腳後跟向後勾腳後提右膝。兩臂掤圓，右拳心向左上方偏裡，在右膝外側；左拳心向右，虎口向後，高度同左太陽穴（圖1-430）。

圖1-428　　　　　圖1-429　　　　　圖1-430

【要領】

要求勾腳轉體、砸拳提膝和左拳上兜同步進行。

第四十四式　掩手肱捶

1. 左拳變掌，雙手同時用身法向前下折掛後向上掤起

（圖1-431～圖1-433）。

2.以下動作同第一個掩手肱捶，略（圖1-434～圖1-442）。

本式動作要領同第一個掩手肱捶，略。

圖1-431

圖1-432

圖1-433

圖1-434

圖1-435

圖1-436

圖1-437

圖1-438　　　　　　　　圖1-439

圖1-440　　　　圖1-441　　　　圖1-442

第四十五式　小擒打

1. 同十字手動作（圖1-443～圖1-445）。

2. 身微左轉；同時，左腳以腳跟為軸外轉，襠走後弧，移重心至左腿；同時，提右膝向右前方上步，以腳後跟落地。同時，雙手相合，隨身略下沉後向前上方穿掌，右掌的高度同下頜，手心向左上方，指尖向前上方；左掌心向右下方，指尖向右後方，合與右小臂上（圖1-446～圖1-448）。

圖1-443　　　　　圖1-444　　　　　圖1-445

圖1-446　　　　　圖1-447　　　　　圖1-448

3. 雙手坐按加掤勁。右腳落實，右轉身；同時，雙腳以左腳掌和右腳跟為軸同時轉動，重心偏左後移右（圖1-449）。

4. 重心完全移至右腿，提左膝向前略左，以左腳跟裡側貼地蹬出。同時，雙掌上下拉開，右掌略走上弧線向右前上方展出，手心向右前方，指

圖1-449

尖斜向左上方，高度同右太陽穴；左掌走下弧線，向左膝上方展出，掌心向下，指尖向前（圖1-450、圖1-451）。

5. 左掌變叼手，上掤至左肩高；右掌同時翻掌，從中心線屈肘下沉至胸部高度，掌心向左下方，指尖向左上方。重心同時移向左腿。雙掌同時向前方，以掌根為力點向外震出（圖1-452、圖1-453）。

圖1-450　　　圖1-451　　　圖1-452　　　圖1-453

【要領】

（1）同十字手。

（2）雙掌前上穿掌時，以身法帶動，螺旋下沉後向前上方穿掌。

（3）動作4，蹬腳和雙掌分開要同步進行。

（4）動作5，左叼手要與右掌有相合之勁。雙掌前推時身體不要前傾。

第四十六式　抱頭推山（含金絲纏腕）

1. 雙手同時握拳，略外旋向左右拉開，兩拳心均向

裡，虎口向上，兩拳高度均與肩平。重心左移，蹬右腳，合左腿（圖1–454、圖1–455）。

2. 身微左轉，重心右移。雙拳同時外旋上翻後再裡旋，在腹前中心線相合，右拳上翻後從頸根插至腹前中心線，拳心向右下，虎口向左下方；左拳上翻後屈肘裡合，以腕部合在右小臂上，拳心向下（圖1–456、圖1–457）。

圖1–454　　　　　　　　　　　圖1–455

圖1–456　　　　　　　　　　　圖1–457

3. 重心快速左右倒換。雙拳變掌往右略引一下，再握拳向左合下去，做一個金絲纏腕。後扣左腳，重心同時移

左。雙拳以手背領勁向右前方掤出。同時，收右腳變右虛步（圖1–458、圖1–459）。

4. 雙拳變掌略下沉，向左右兩側走弧線拉開，兩手心均向裡，指尖斜相對，虎口向上斜相對，高度與肩平或略高（圖1–460～圖1–462）。

圖1–458　　　　　　　　圖1–459

圖1–460　　　　圖1–461　　　　圖1–462

5. 兩手同時翻掌屈肘合至頸根。同時，向右側蹬出右腳，同六封四閉動作（圖1–463）。

圖1-463　　　　　　　　圖1-464

6.襠走後弧,移重心至右腿。同時,兩掌略下沉後向前推出,兩掌心均斜向前方,指尖斜向上(圖1-464)。

【要領】

(1)兩拳拉開時,兩臂掤圓,胸略開,背略合。

(2)兩拳相合時,胸略合,背略開,注意整體之鬆沉勁。

(3)金絲纏腕是靠胸腰折疊做出來的,非單純的手臂之勁。

(4)雙掌下沉拉開時,兩臂掤圓,兩手心相繫相吸。

(5)雙手翻掌、合手、挑肘、蹬右腳要同步進行。

(6)雙掌前推時身體不要前傾,兩掌高度相同,立掌。

第四十七式　三換掌

本式動作說明及要領同二十一式三換掌,不同之處是本式步伐較大,略(圖1-465～圖1-470)。

圖 1-465

圖 1-466

圖 1-467

圖 1-468

圖 1-469

圖 1-470

第四十八式　六封四閉

1. 身微左轉，重心右移。左掌同時向下抓回下沉，右掌同時下沉，兩掌心均向下，指尖向前下（圖1–471）。

2. 其餘動作同第五式六封四閉，要領相同（圖1–472～圖1–477）。

圖1–471

圖1–472

圖1–473

圖1–474

圖1–475

圖1-476

圖1-477

第四十九式　單　鞭

同第六式單鞭，略（圖1-478～圖1-484）。

圖1-478

圖1-479

圖1-480

圖1-481

圖1-482　　　　　　圖1-483　　　　　　圖1-484

第五十式　前　招

1. 身微右轉，重心微左移。右勾手變掌，同時雙手向右下沉，左掌沉至腹前中心線，掌心向右偏上，指尖向前；右掌同時下沉，按至右膝上方（圖1-485）。

2. 身微左轉，重心右移。左掌以大指領勁，遞次轉至小指領勁，上穿至下頜高度後裡旋翻掌，向左前上方展出；右掌同時以小指領勁，遞次轉至大指領勁，上掤後翻掌合向鼻前中心線；左掌心向左前上方，指尖向右上方；右掌心向左偏上方，指尖向上方偏右（圖1-486）。

圖1-485

圖1-486

3. 身體右轉，重心左移；同時，右腳以腳跟為軸貼地外轉。右掌在鼻前中心線微坐按下沉，後向前上方展出；左掌同時外旋翻掌下沉，切至腹前中心線；右掌心向前方，指尖向上方偏左，右掌根在右肩高度；左掌心向左偏上，指尖向前（圖1–487、圖1–488）。

4. 襠走後弧，移重心至右腿；同時，提左膝，以左腳跟裡側貼地，向左後方蹬出。雙手繼續微外掤（圖1–489～圖1–492）。

圖1–487　　　　　　圖1–488　　　　　　圖1–489

圖1–490　　　　　　圖1–491　　　　　　圖1–492

【要領】

（1）動作1、2，同雲手動作要領。

（2）動作3，雙手坐按下沉的轉折處不要斷勁。

（3）動作4，提膝蹬腳時，身體不要忽高忽低。

第五十一式　後　招

1. 身微左轉，重心微右移，左腳以腳後跟為軸貼地外轉約45度。左掌以大指領勁，遞次轉至小指領勁，在中心線上穿至下頜高度，微坐按後向左前上方展出，掌心向左前，指尖向右上方，高度同左太陽穴；右掌同時外旋翻掌下沉，切至右膝上方，掌心斜向前上方，指尖向右偏下方（圖1-493）。

2. 襠走後弧，移重心至左腿，右腳以腳尖擦地走裡弧，經左腳裡側向右前方上一小步，成右虛步，腳尖點地。右掌同時隨右腳向前上略偏右方穿掌，左掌同時繼續外掤，右掌心向上略偏左方，指尖向前略偏上方，高度同右肩（圖1-494、圖1-495）。

圖1-493　　　　圖1-494　　　　圖1-495

3. 身微左轉，重心右移至右虛步。右掌下切至腹前中心線，左掌繼續微外掤圖（圖1–496）。

4. 重心微右移。右掌以大指領勁，遞次轉至小指領勁，從中心線穿至下頜，微坐按後向右前方打出；左掌同時外旋翻掌下沉，切至腹前中心線；右掌心向右前方，指尖向左上方，高度在右肩略上方；左掌心向右偏上，指尖向前偏右方（圖1–497、圖1–498）。

圖1–496　　　　　　　圖1–497　　　　　　　圖1–498

【要領】

（1）左掌上穿時，注意整體的鬆沉之勁，不要起身。

（2）右掌帶著右腿向前上步，上下相隨，身體不要忽高忽低。

（3）右掌下切時，身體不要歪斜，保持中正。

（4）雙掌要向右打出橫勁，蹬左腿，合右腿，右腳掌點地，重心在右腿。

第五十二式　右野馬分鬃

1. 身微右轉，重心左移。兩掌在身體右前似抱球翻轉，左掌往上翻，右掌下切（圖1–499）。

2. 左掌往左前上方展出，右掌同時領右膝提起，左掌心向左上方，指尖向右上方，高度同左太陽穴；右掌心向左上方，指尖向前下方（圖1–500）。

3. 右腳以腳跟裡側貼地，向右前方蹬出，扒地。左掌微外掤，右掌同時略前引，右掌心斜向左上方，指尖向前下方，高度在腹部（圖1–501）。

4. 身微左轉，重心移右。右掌從腹前中心線上穿至下頜高度後再向右穿掌，左掌略外掤後隨右掌右穿而下扣至肩高，右掌心向上，指尖向右偏上，高度在下頜；左掌心向下，指尖向左（圖1–502）。

圖1–499

圖1–500

圖1–501

圖1–502

【要領】

（1）抱球時重心先微右移再左移。

（2）動作2、3，動作連貫，身體不要有起伏。

（3）動作4，右掌上穿時，左掌外掤；右掌右穿時，左掌下扣。

第五十三式　左野馬分鬃

1. 身微右轉，重心左移。右掌向右掤，左掌同時略下沉，合至胸前中心線，有找右掌之意，右掌心向上，指尖向右前，高度與肩平；左掌心向下，指尖向右前（圖1-503）。

2. 身微左轉，重心右移。雙手上掤後向左捋，右掌合至眼前中心線，左手外展至左太陽穴高度；右掌心向右偏上方，指尖向上偏右方；左掌心向左上方，指尖向右上方（圖1-504）。

3. 身右轉，重心左移，同時，右腳以腳跟為軸貼地外轉。雙掌略坐按下沉後外掤，右掌在鼻尖的高度，左掌在

圖1-503

圖1-504

腹部的高度；右掌心向前，指尖向左上方；左掌心向右偏上，指尖向前方（圖1-505）。

4.上動不停，身體繼續右轉。雙掌隨身而動，重心移至右腿，提左膝向左前方上步，左腳以腳跟裡側貼地蹬出後腳抓地（圖1-506～圖1-508）。

5.身微右轉，重心左移。左掌在腹前中心線以大指領勁，遞次轉至小指領勁，上穿至下頜高度後再向左穿掌；右掌同時微外掤後下扣至右肩高度（圖1-509）。

圖1-505　　　　　　　　　　圖1-506

圖1-507　　　　　圖1-508　　　　　圖1-509

【要領】

（1）重心左移時，雙掌向右掤出，右掌不要回拉，否則成抽扯之勢。

（2）本式轉身後同右野馬分鬃，方向轉了180度，落步在一條線上。

（3）其餘要領同右野馬分鬃，只是左右方向相反。

第五十四式　大六封四閉

1. 身微左轉，重心右移。同時，雙手略下沉往左前掤，左掌心向上方，指尖向左前方，在胸前中心線高度（圖1–510）。

2. 身微右轉，重心左移。雙手向上掤起後左手合至鼻前中心線，右手外展至右太陽穴右前上方；左掌心向右，指尖向上方；右掌心向右上方，指尖向左上方（圖1–511）。

3. 身微左轉，重心右移。雙掌在體前下沉略外擠後向左打出，左肘與左膝相合，右掌在腹前中心線，左掌心向下，指尖向前方偏右，高度與腰平；右掌心斜向左上方，

圖1–510

圖1–511

指尖向前方偏下（圖1–512）。

4. 身微左轉再右轉，重心微左移再右移。雙掌略走上弧，向左前方掤出，同時翻掌下沉做捋；左掌切至腹前中心線，右掌下按至右膝上方；左掌心向左偏上，指尖向前；右掌心向下略偏右，指尖向前方（圖1–513、圖1–514）。

5. 身微左轉，重心左移。左掌在腹前中心線裡旋翻掌，變叼手上提至下頜高度後，以手背為力點向左偏下方打出，左手心向裡，虎口向上；右掌外旋翻掌上掤高過頭頂，再橫掌打出，掌心向前，指尖向左偏上方，高度在額前上方；同時重心移至右腿（圖1–515）。

圖1–512　　　圖1–513　　　圖1–514　　　圖1–515

6. 身微右轉，重心左移。雙手動作同動作2，略（圖1–516）。

7. 身微左轉，重心右移。雙掌下沉後左腳以腳後跟為軸貼地外轉，左掌在腹前中心線變叼手，右掌下沉至腰的高度略前擠，左手心向裡，虎口向上方；右掌心斜向左上方，指尖向右前方（圖1–517）。

圖1-516　　　　圖1-517　　　　圖1-518

圖1-519　　　　圖1-520　　　　圖1-521

8. 移重心至左腿；同時，提右膝成左獨立步。左掌同時在中心線以手背為力點提起至太陽穴高度，右掌同時帶領右膝上提並向前上方穿掌托起，左手心斜向右下方，虎口斜向右上方；右掌心向上，指尖向前上方，高度同右肩（圖1-518）。

9. 雙掌分向左右兩側，打開後翻掌屈肘合至頸根。同時，向右側蹬右腳落步（圖1-519、圖1-520）。

10. 同六封四閉最後一動（圖1-521）。

【要領】

本式重心倒換較多，是本套拳較難的一式，注意雙手運轉和重心倒換的配合。動作9雙手開時身體不要歪斜，合手和蹬腳要同步進行。

第五十五式 單 鞭

動作說明和要領同前「單鞭」（圖1–522～圖1–530）。

圖1–522　　　　圖1–523　　　　圖1–524

圖1–525 　　　　圖1–526 　　　　圖1–527

圖1-528　　　　圖1-529　　　　圖1-530

第五十六式　雙震腳

1. 身微左轉，重心右移。右勾手變掌走下弧下沉，切至腹前中心線，左手同時下按沉至左膝上方；右掌心向左偏上，指尖向前方；左掌心向下，指尖向前偏右方（圖1-531）。

2. 身微右轉，重心左移。右掌以大指領勁，遞次轉至小指領勁，從中心線上掤至頭頂高度時向右前上方展開；左掌同時以小指領勁，遞次轉至大指領勁，上掤至頭頂後屈肘合至鼻前中心線；右掌心向右上方，指尖向左上方，高度在右太陽穴右前上方；左掌心向左方，指尖向上方（圖1-532）。

3. 身微左轉，重心右移。雙掌同時翻掌向左下沉，右掌外旋切至腹前中心線，左掌裡旋下沉外掤至右膝上方，比肩略低；右掌心向左上方，指尖向前方；左掌心向前下方，指尖向右上方（圖1-533）。

圖1–531　　　　　圖1–532　　　　　圖1–533

4. 雙掌同時翻掌略上掤後拉開，左掌微外掤，右肘略上提；右掌裡旋手心向下，在胸前中心線；左掌外旋略上托，手心向上，同腰部高度（圖1–534）。

5. 身微右轉，重心左移。同時，右手以肘帶手，先用肘下掛，後以右掌向下切至右膝外側，左掌同時外掤翻掌向左後上方托起；右掌心向前下方，指尖向前上方；左掌心向右後上方，指尖向左上方（圖1–535）。

圖1–534

圖1–535

6. 身微右轉，重心左移。右掌略前下掛掌後回摟，屈肘合至左肘下方；左掌同時以大指領勁，遞次轉至小指領勁，上掤後向右下方蓋掌；右掌心向裡，虎口向上，指尖向左方；左掌心向右下方，指尖向右上方，高度在右肘右前方（圖1–536）。

7. 身微左轉，重心右移。左掌略回抓下沉，向左下方展開；右掌同時先以右肘略前下掛肘，後向右前上方展出；左掌心向上，指尖向前，高度在左膝上方；右掌心向右前方，指尖向上方，掌根高度與右肩平（圖1–537）。

8. 身微右旋，重心左移。右掌略裡旋下沉後外旋翻掌，以大指領勁遞次轉至小指領勁，向前上方穿掌托起；左掌外旋翻掌，上掤過頭頂後裡旋翻向下按出（兩掌是上下相錯之勁）。同時，收回右腳成左虛步。右掌心向左上方，指尖向前上方，高度與下頜平；左掌心向右下方，指尖向前上方，高度在胸口中心線上，兩掌心斜相對（圖1–538、圖1–539）。

9. 右腿微裡旋，右腳下踩，左腿下坐。右掌裡旋翻

圖1–536

圖1–537

圖1-538　　　　　　　　圖1-539

掌，與左掌同時下按至腹部高度，後同時外旋翻掌，向前上方托起至肩的高度，再翻掌下按至腹前。同時，雙震腳（圖1-540～圖1-542）。

圖1-540　　　　　　圖1-541　　　　　　圖1-542

【要領】

（1）動作4。雙手拉開時，左掌與右肘之間有對拉之勁，雙掌微前掤。

（2）動作5。右掌下切與左掌上托要同步進行，身不要歪斜。

（3）動作6。右掌收回時腋下不要夾死，注意右臂掤圓，身體保持中正，不要前傾。

（4）動作8。兩掌相錯之勁與收右腳同步完成，身體不可忽高忽低。

（5）動作9。本動作只是下震雙腳，身體不要躍起太高。雙掌上托時不要過高，否則影響視線。雙掌下按與雙腳下震要同步進行。

第五十七式　玉女穿梭

1. 雙掌同時外旋翻掌，合力向前上方托起。同時，提右膝成左獨立步。雙掌心均向上，指尖向前偏上方，高度與肩平（圖1-543）。

2. 雙掌同時裡旋翻掌，右掌心向前，左掌向後捌開。身體同時左轉，右腿同時向前蹬出。右掌心向前下方，指尖向左上方，右臂展開（至七八成即可，不可過直），高度與臂平；左掌心向右前偏下方，指尖向右上方，高度在胸前中心線，距胸部大約20～30公分（圖1-544、圖1-545）。

3. 身體右轉約180度；同時，右腳向前以腳跟外側著地落實。左掌同時橫掌向前推掌，右掌同時外旋下沉收回右側軟肋處。重心同時移右腿。左掌心向前下方，指尖向右方，高度與肩平或略高；右掌心向上方，指尖向前偏左方（圖1-546）。

圖1-543

圖1–544　　　圖1–545　　　　　圖1–546

4. 提左腿向前上步，以腳尖點地扣腳落實。同時，左掌下按至左胯外側，右掌上穿至下頜高度；左掌向下，指尖向前偏右方；右掌心向上，指尖向前略偏上方，在下頜前中心線（圖1–547）。

5. 身體右轉；同時，以左腳跟為軸，右腿後掃180度。右掌同時裡旋翻掌，外挒至右太陽穴高度，左掌同時微下按（圖1–548、圖1–549）。

圖1–547　　　　圖1–548　　　　圖1–549

【要領】

玉女穿梭是本套拳的前縱之法，儘量向前遠縱，在移動中轉體，身體不要歪斜。

第五十八式　懶紮衣

略（圖1–550～圖1–554）。

第五十九式　六封四閉

圖1–555～圖1–563。

圖1–550　　　　　　　　圖1–551

圖1–552　　　圖1–553　　　　　圖1–554

圖1-555　　　　圖1-556　　　　圖1-557

圖1-558　　　　圖1-559　　　　圖1-560

圖1-561　　　　圖1-562　　　　圖1-563

第六十式　單　鞭

略（圖1-564～圖1-572）。

圖1-564　　　　圖1-565　　　　圖1-566

圖1-567　　　　圖1-568　　　　圖1-569

圖1-570　　　　圖1-571　　　　圖1-572

第六十一式　雲　手

略（圖1-573～圖1-589）。

圖1-573　　　　圖1-574　　　　圖1-575

圖1-576　　　　圖1-577　　　　圖1-578

圖1-579　　　　圖1-580　　　　圖1-581

圖1–582

圖1–583

圖1–584

圖1–585

圖1–586

圖1–587

圖1–588

圖1–589

第六十二式 雙擺蓮

1. 身微右轉，重心左移；同時，右腳以腳尖擦地略走後弧，收至左腳裡側。雙掌同時下沉，右掌下沉切至腹前中心線，左掌在左胯前；右掌心向左偏上方，指尖向前方；左掌心向下，指尖向右前方（圖1–590、圖1–591）。

2. 身微左轉再右轉，右腳落實，重心移右腿，提左腿，向左前斜角方向跨步，勾腳尖落實。右掌從中心線上穿至頭頂後外展；左掌同時上掤至頭頂後屈肘裡合至鼻前中心線；右掌心向右上方，指尖向左上方，高度在右太陽穴右前上方；左掌心向右，指尖向上方（圖1–592、圖1–593）。

3. 身微右轉，重心左移；同時，提右腳外擺腿。雙掌同時略

圖1–590

圖1–591

圖1–592

圖1–593

下沉，前擠後遞次以左右掌拍擊右腳面，後左掌在腹前中心線，右掌在右膝外側，左掌心向下偏前，指尖向右前；右掌心向左下方，指尖向前下方（圖1-594～圖1-596）。

圖1-594　　　　　　圖1-595　　　　　　圖1-596

【要領】

（1）本動作雙手含前擠之勁，注意不要起身。

（2）雙掌右捋和跨左步要同時進行。

（3）雙掌拍擊右腳時，身體不要歪斜，不要起身。

第六十三式　跌　叉

1. 雙手握拳，身微右轉再左轉。右拳從中心線上提後外展，再下沉合至胸口前中心線；左拳同時下沉後外翻上掤，後屈肘與右小臂相合。同時，右腳下沉震腳，右拳心向上，虎口向右方；左拳心向下，虎口向裡，左腕扣在右小臂上。重心在左（圖1-597～圖1-601）。

圖1-597　　　　　　圖1-598

圖1-599　　　　圖1-600　　　　圖1-601

2. 雙臂同時微外旋掤圓。同時，
移重心至右腿，提左膝，左腳以腳跟
為力點向左蹬出，腳尖向上；右腿裡
側微擦地。身微左轉。雙拳同時拉
開，左拳心向上，虎口向左，高度左
膝上方；右拳心向左，虎口向後，兩
手相對，高度同頭部（圖1-602～圖
1-604）。

圖1-602

圖1-603

圖1-604

【要領】

（1）雙手各走一個圓，右手向上畫圓，左手向下畫圓；左拳與右小臂相合時同時震右腳。

（2）重心右移時兩臂掤圓；雙拳拉開與蹬右腳同步進行，身體不要前傾。

（3）跌叉時不可坐到地上，襠部離地面10～20公分。根據個人身體狀況拳架可高一些。

第六十四式　右金雞獨立

1. 左腳腳跟為力點，右腳裡側蹬，順勢襠部擦地而起，重心移至左腿。左拳順勢向前上衝拳，右拳同時微裡旋下沉，再略外旋回兜後衝拳至左小臂裡側。同時，右腳收至左腳裡側，前腳掌著地。兩拳心均向上偏裡，高度在胸前中心線（圖1-605、圖1-606）。

2. 雙拳變掌，同時裡旋翻掌坐按後上下分開。同時提右膝，左掌下沉按至左胯外側，右掌翻掌上托至頭部右側

圖1-605

圖1-606

上方偏前；左掌心向下，指尖向前偏右；右掌心向上，指尖向左上方（圖1-607～1-609；圖1-608為側面，圖1-609為正面）。

圖1-607

圖1-608

圖1-609

【要領】

（1）注意兩拳運行中的對稱勁和上右步時兩拳合力前衝之勁。

（2）兩手是斜向的上下分捌之勁，身體不要歪斜。

第六十五式　左金雞獨立

1. 右掌往上略引化後向下按掌，左掌略下沉後再略上提，與右掌同時下按。同時，右腳下沉震腳。雙掌心均向下，指尖均向前，在兩胯前（圖1-610）。

2. 身微右轉，重心右移。雙掌同時向右引化。左腳同時向左跨一小步。左掌心向右，指尖向前，高度在腹部前中心線；右掌心向下，指尖向前，在右膝上方（圖1-611）。

3. 身微右轉再左轉。左掌在中心線以大指領勁，遞次轉至小指領勁，上穿後外展；右掌以小指領勁，遞次轉至大指領勁，上掤後屈肘裡合至鼻前中心線。同時，右腳往右跨一小步（圖1-612）。

圖1-610　　　　圖1-611　　　　圖1-612

4. 身微左轉再微右轉，重心右移；同時，收左腳至右腳裡側，腳尖著地。雙掌向左下沉後左掌合至腹前中心線，右掌同時下按至右胯外側；左掌心向右，指尖向前；右掌心向下，指尖向前（圖1-613、圖1-614）。

圖1-613

圖1-614

5. 左掌上穿至胸前後裡旋翻掌上托，至頭的左側上方偏前，右掌同時下按。同時提左膝（圖1-615、圖1-616）。

圖1-615

圖1-616

【要領】

（1）兩腳左右跨步時，不要起身，注意雙手與腳的配合。

（2）注意左掌與右掌的斜向分捌勁，身體不要上拔、歪斜。

第六十六式　倒捲肱

1. 左掌略下沉，右掌略上掤，雙掌同時翻掌上托後相合，右掌在頸根，左掌在胸前中心線（圖1–617、圖1–618）。

2. 由此以下動作同前「倒捲肱」（圖1–619～圖1–628）。

圖1–617　　　　　圖1–618　　　　　圖1–619

圖1–620　　　　　圖1–621　　　　　圖1–622

圖1-623　　　圖1-624　　　　　圖1-625

圖1-626　　　　圖1-627　　　　　圖1-628

第六十七式　退步壓肘

　　動作說明和要領同前「退步壓肘」（圖1-629～圖1- 636）。

圖1-629

圖1-630

圖1-631

圖1-632

圖1-633

圖1-634

圖1-635

圖1-636

第六十八式　中　盤

動作說明和要領同前「中盤」（圖1-637～圖1-648）。

圖1-637

圖1-638

圖1-639

圖1-640

圖1-641

圖1-642

圖1-643

圖1-644

圖1-645　　　　　圖1-646　　　　　圖1-647

圖1-648　　　　　圖1-649　　　　　圖1-650

第六十九式　白鶴亮翅

　　動作說明和要領同前「白鶴
亮翅」（圖1-649～圖1-656）。

圖1-651

圖1-652　　　　　　　圖1-653　　　　　　　圖1-654

圖1-655　　　　　　　圖1-656　　　　　　　圖1-657

第七十式　斜行拗步

　　動作說明和要領同前「斜行拗
步」（圖1-657～圖1-668）。

圖1-658

圖1-659　　圖1-660　　圖1-661　　圖1-662

圖1-663　　圖1-664　　圖1-665

圖1-666　　圖1-667　　圖1-668

第七十一式　閃通背

動作說明和要領同前「閃通背」（圖1–669～圖1–685）。

圖1–669

圖1–670

圖1–671

圖1–672

圖1–673

圖1–674

圖1–675

圖1-676　　　圖1-677　　　圖1-678　　　圖1-679

圖1-680　　　圖1-681　　　圖1-682

圖1-683　　　圖1-684　　　圖1-685

第七十二式　掩手肱捶

動作說明和要領同前「掩手肱捶」
（圖1–686～圖1–699）。

圖1–686

圖1–687

圖1–688

圖1–689

圖1–690

圖1–691

圖1–692

圖1-693

圖1-694

圖1-695

圖1-696

圖1-697

圖1-698

圖1-699

第七十三式　大六封四閉

動作說明和要領同前「大六封四閉」（圖1–700～圖1–710）。

圖1–700

圖1–701

圖1–702

圖1–704

圖1–705

圖1–706

圖1–703

圖1-707　　　　圖1-708　　　　圖1-709

圖1-710　　圖1-711　　圖1-712　　圖1-713

第七十四式　單　鞭

動作說明和要領同前「單鞭」（圖
1-711～圖1-719）。

圖1-714

圖1-715　　　圖1-716　　　圖1-717

圖1-718　　　圖1-719　　　圖1-720

第七十五式　雲　手

動作說明和要領同前「雲手」
（圖1-720～圖1-730）。

圖1-721

圖1-722　　　　圖1-723　　　　圖1-724

圖1-725　　　　圖1-726　　　　圖1-727

圖1-728　　　　圖1-729　　　　圖1-730

第七十六式　高探馬

動作說明和要領同前「高探馬」（圖1-731～圖1-739）。

圖1-731

圖1-732

圖1-733

圖1-734

圖1-735

圖1-736

圖1-737

圖1-738

圖1-739

第七十七式　十字單擺蓮

1. 身微右轉再左轉，重心略移左再移右。右掌略裡旋外展後再外旋，由右側下沉裡合至中心線前上穿掌；左掌同時由腹前中心線略外旋下沉拉開，再裡旋翻掌上挪至頭頂，後屈肘裡合至右肘彎裡側；右掌心向上偏左方，指尖向前上方，高度同下頜；左掌心向右，指尖向右方（圖1-740、圖1-741）。

2. 身體右轉約90度，重心左移，兩腳同時以左腳掌和右腳跟為軸轉動。兩掌同時裡旋略下沉坐按後外挪，兩臂挪圓，隨身轉而動，右掌心向前下，指尖向左上方；左掌心向前下，指尖向右上方（圖1-742）。

3. 重心移右，提左膝向左前方斜角，以左腳跟裡側貼地蹬出後落實。雙掌同時分別向右上左下拉開，右掌外展至右太陽穴高度，掌心向右略偏前，指尖向上略偏前；左掌心向左下外切至左膝上方，掌心向下，指尖向前（圖1-743、圖1-744）。

圖1-740　　　　圖1-741　　　　　圖1-742

圖1-743　　圖1-744　　　圖1-745　　　圖1-746

4. 身微右轉，重心左移。左掌同時略外旋上掤至頭頂，後翻掌向右下方蓋掌；右掌同時下沉，後屈肘收回至左腋下，左掌心向右下，指尖向右上方，高度同右肘；右掌心向左下，指尖向左上方，右臂掤圓（圖1-745、圖1-746）。

5. 重心完全移左；同時，收右腳提起外擺。同時，左掌略下沉拍擊右腳面，右掌仍合於腋下（圖1-747、圖1-748）。

圖1-747

圖1-748

【要領】

（1）雙手拉開時重心移左，雙手相合時重心移右。

（2）兩腳轉動時，身體不要歪斜。

（3）雙掌拉開與蹬左腳要同步進行。

（4）動作5，在收右腳前有一接勁動作，需用身法帶動，需口傳身授，非筆墨能述。

第七十八式　海底翻花

1. 雙手握拳，左拳下紮，右拳在中心線上提；同時提右肘（圖1-749）。

2. 身體以左腳跟為軸右轉；同時，右腳下沉，向後勾腳後提右膝。右拳同時向右膝外側砸拳，左拳外翻後向上兜起，至太陽穴高（圖1-750）。

【要領】

勾腳轉體、砸拳提膝和左拳上兜同步進行。

圖1-749　　　　　　圖1-750

第七十九式　指襠捶

1. 右腳在左腳裡側震腳，後提左膝向左前方斜角上步，腳落實；同時，重心移左。右拳同時下沉至右膝上方，左拳略左前掤肘，肘膝上下相合，右拳心向裡上，左拳心向裡，虎口向後，高度同左耳（圖1-751、圖1-752）。

2. 身微左轉，重心右移。同時，左拳裡旋，用小臂向前崩；右拳同時略後折腕，以腕部前崩圖（圖1-753）。

圖1-751　　　　　　圖1-752　　　　　　圖1-753

3. 身微左轉再右轉，重心右移後再左轉。左拳繼續前掤後下沉至腹前中心線，右拳同時上弧線掤至鼻前中心線，後裡旋下沉至右膝上方；左拳心向右偏上方，虎口向左；右拳心向下，虎口向裡（圖1–754、圖1–755）。

4. 身微左轉，重心右移。左拳從中心線上提至下頜高度後向前下砸出，右拳同時上掤至頭頂後同左拳一同向前下砸出，兩拳上下相對，相距約兩橫拳寬距離，兩拳心均向裡，虎口均向上（圖1–756）。

圖1–754　　　　圖1–755　　　　圖1–756

5. 身微左旋。兩拳同時裡旋下沉打開。重心移右，身微右旋。兩拳同時上掤。重心微移左，身微左轉。雙拳同時外旋下沉裡合，右拳合至左肘彎裡側。重心同時移右（圖1–757～圖1–759）。

6. 身微右轉，重心左移。同時，左拳收回至左側軟肋，右拳從左小臂下向前下打出，左肘與右拳有一對拉之勁（圖1–760）。

| 圖1-757 | 圖1-758 | 圖1-759 | 圖1-760 |

【要領】

（1）左臂前掤與重心左移要同步完成。

（2）左小臂和右手腕前崩時，身微下沉，不要起身。

（3）雙拳前掤後有雙拳下捋的動作。

（4）雙拳向前下砸時是靠胸腰折疊做出的，非兩臂之力。

（5）注意胸腰的開合之勁。

（6）同掩手肱捶，只不過本式右拳斜下方打。

第八十式　白猿獻果

1. 身微右轉再左轉，重心微左移再右移。右拳從中心線以拳背領勁上提，後微外旋外掤後下沉至右膝上方；左拳同時略裡旋略折掛腕滑至腹部，左肘同時略裡合後下沉（圖1-761、圖1-762）。

圖1-761

圖1-762　　圖1-763　　圖1-764　　圖1-765

2. 身微左轉，左腳以腳跟為軸貼地外轉，襠走後弧，移重心至左腿；同時，提右膝。右拳同時合至腹前中心線，螺旋上衝，左肘同時略下沉；右拳心向上，高度在下頜；左拳心向上，高度在腹部（圖1-763～圖1-765）。

【要領】

1. 右拳上提時重心微左移，右拳下沉時重心右移，注意兩手之間的配合。

2. 右拳上衝與提右膝要同步進行。

第八十一式　小六封四閉

1. 雙拳變掌略下沉，向左右兩側同時拉開（圖1-766）。

2. 雙掌外翻合至頸根。同時，蹬右腳（圖1-767）。

3. 重心右移。先擠右肘後雙掌推出。同時，略後弧線收左腳

圖1-766

圖1-767　　　　　圖1-768　　　　　圖1-769

（圖1-768、圖1-769）。

【要領】

注意兩手之間的對拉勁。其他同六封
四閉要領。

第八十二式　單　鞭

動作說明和要領同前「單鞭」（圖
1-770～圖1-777）。

圖1-770

圖1-771　　　　　圖1-772　　　　　圖1-773

圖1-774

圖1-775

圖1-776

圖1-777

第八十三式　雀地龍

1. 身微右轉再左轉，重心微左移再右移。雙手同時握拳，右拳略外掤後再下沉裡合至胸前中心線，左拳略上衝後翻拳合至右小臂上；左拳心向下，虎口向裡；右拳心向上，虎口向右（圖1-778～圖1-780）。

2. 身微左轉，重心右移。左拳外旋，兩臂前掤後拉開，同時跌叉（但與跌叉不同，此處便是雙腳尖朝起式方

圖1-778

圖1-779

圖1-780

圖1-781

向）（圖1-781、圖1-782）。

【要領】

（1）動作以身帶出，非手臂之運行；左拳與右小臂合與移重心要同步進行。

（2）本動作同跌叉要領，只是腳尖的方向不同。

圖1-782

第八十四式　上步騎麟（上步七星）

1. 左腳以腳跟為軸貼地外轉，身同時左轉，移重心至左腿；同時，右腳以腳尖擦地略走裡弧線，經左腳裡側向右上方上一小步，前腳掌著地成左虛步。左拳同時略下沉，後從中心線向前上衝拳至口的高度；右拳同時下沉至右膝上方，經身體右側向前上方衝拳，與左腕外交叉，兩拳心均向裡偏上（圖1-783、圖1-784）。

圖1-783　　　　　　　　　圖1-784

2. 雙拳變掌同時裡旋，以腕部相搭上掤至頭頂後再下沉，合力向胸前中心線震雙掌，右掌在上，左掌在下，兩掌心均向前下，指尖向前上偏左右，重心偏左（圖1-785a、圖1-785b、圖1-786）。

【要領】

（1）類似金雞獨立動作1，不同之處是右拳外。

（2）本動作是以身法帶動的抖勁，發力的一瞬間，左腿微下坐，右腿微裡旋下踩。

圖1-785a

圖1-785b

圖1-786

第八十五式　下步跨虎

1. 在胸腰折疊帶動下，雙掌雙腕粘連略向前上揚，後向前下沉，再裡轉翻掌上提至胸前坐按。同時，以左腳跟為軸右轉身體約90度，右腳同時向後勾腳，提膝後震腳，兩腳相距一肩寬，右掌在裡，左掌在外，均立掌，重心在左（圖1-787、圖1-788、圖1-789a、圖1-789b）。

圖1-787

圖1-788

圖1-789a

圖1-789b

2. 雙掌在中心線下沉分開至兩胯外側，掌心向下，指尖向前，兩掌合至中心線，上托至頭頂後左右分開。同時，右腳向右平跨一小步（圖1–790～圖1–793）。

3. 身微左轉，重心右移；同時，略後弧線收左腳至右腳裡側。兩掌下沉後向前上搓出，右掌手心向左，指尖向前上，高度在鼻前中心線；左掌心向右，指尖向前，高度在腹前中心線（圖1–794、圖1–795）。

圖1–790　　　　圖1–791　　　　圖1–792

圖1–793　　　　圖1–794　　　　圖1–795

4. 雙掌坐按加掤勁後，上下分開，右掌外展至右太陽穴右前上方，左掌下沉至左胯外側，重心在右，同白鶴亮翅定式動作（圖1-796）。

【要領】

（1）在身法帶動下，雙掌略上揚後下抓，再翻轉坐按，與震腳同步進行。

（2）同蹬一跟要領。

（3）雙掌前搓與收左腳同步進行。

圖1-796

第八十六式 轉身雙擺蓮

1. 身體以右腳跟和左腳掌為軸右轉約180度。右掌隨身轉繼續外掤，左掌同時略下沉後外旋前擠，重心在左（圖1-797）。

圖1-797

2. 身體繼續右轉。同時，左掌上掤，帶領左腿裡合後斜前方扣腳落步，右掌繼續外掤，左掌心向右偏上，指尖向前上，高度在鼻前中心線；右掌心向右前偏上，指尖向左上方。重心偏右腿（圖1-798、圖1-799）。

3. 身微右轉，重心移左腿。雙掌略下沉。提右腿外擺。同時，雙掌拍擊右腳面（圖1-800、圖1-801）。

【要領】

本式動作要領同雙擺蓮，此動作只是多了一個轉體。

圖1-798

圖1-799

圖1-800

圖1-801

第八十七式　當頭炮

1. 雙手握拳，左拳從中心線上提後向前下砸拳，右拳上掤後同左拳一同下砸。右腳同時向後向下蹬踏，落地震腳，重心在左（圖1-802、圖1-803）。

2. 身微左轉再右轉，然後左轉，重心右移、左移再右移。雙拳略上掤後隨身右轉下沉，後雙拳略上提向前方同時

圖1-802

圖1-803

震出，左拳在外，右拳在裡，兩拳心均向裡，虎口均向上，兩臂掤圓，高度在胸前中心線（圖1-804～圖1-806）。

圖1-804

圖1-805

圖1-806

【要領】

（1）雙手握拳後略下沉，左拳前砸，右拳上兜後前砸；同時右腳後蹬震腳，動作要同步。

（2）雙拳上掤時重心右移，雙拳下沉時重心左移，雙拳前震時，重心右移。

第八十八式　金剛搗碓

1. 雙拳變掌前切。同時，重心移左。左掌心向下，右掌心向上（圖1-807）。

2. 雙手上掤後右捋。重心先微右移後轉左（圖1-808）。

3. 雙手下沉前擠。重心同時移右（圖1-809）。

其餘動作同第三式金剛搗碓，略（圖1-810～圖1-814）。

圖1-807　　　　　圖1-808　　　　　圖1-809

圖1-810　　　　　圖1-811　　　　　圖1-812

圖1-813

圖1-814

動作要領及技擊含義同第三式金剛搗碓。

第八十九式　收　式

　　雙手變叼手向體側拉開，後上翻在胸前中心線翻掌至指尖相對下按，兩掌下沉至預備式位置（圖1-815～圖1-818）。

圖1-815

圖1-816

圖1-817

圖1-818

四、太極拳練習注意事宜

（一）初學者注意事項

1. 初學者，每次練習前，需先做熱身運動，把身體各部位的關節活動開。

2. 為了增強腿部力量，可做蹲起運動，要循序漸進，不斷增加數量。

3. 初學者尚未完全掌握鬆沉的方法，加之腿力不夠，故拳架不宜過低。

4. 初學者在演練套路時，保持自然呼吸即可。

5. 練拳不宜求快，避免丟勁。

（二）太極拳練習中如何預防膝部痛疼

許多拳友初學太極拳時，會感覺到膝部痛疼，而且隨著練拳次數的增加，這種痛覺會不斷加重。那麼造成膝部痛疼的原因是什麼呢？如何加以預防呢？

現結合多年習拳的體會，談談自己的看法，希望對大家能有所幫助。

1. 各種運動都離不開肌肉、骨骼和關節的活動，而陳氏太極拳對全身各部位的協調要求更為細緻，如中正不偏，含胸拔背，沉肩墜肘，尾閭中正，等等；同時還對襠、胯、膝也提出了明確的要求：屈膝鬆胯，即在習練每一招式時都要屈膝、圓襠、開胯。陳式太極拳運動量相應

較大，加之屈膝、圓襠、開胯，腿部要支撐全身活動的重量，而以膝關節負擔的重量更為明顯，因此，膝蓋必須有力、靈活。動步出腿時，則始終輪流以一足支撐重心，一足提起蹬出；太極拳的動作又是慢速度進行，因此膝關節的負荷比其他拳種要大得多，如果不得要領，必然會造成膝蓋痛。

2. 有的拳友錯誤地把放鬆誤認為是一味地向下蹲，這時勁變為了抽勁，重心便落在了膝關節上，為了站穩，勢必會身體前傾，膝蓋向前跪，結果膝蓋超過腳尖，這樣便加大了膝關節的支撐難度，長期以往便會出現膝蓋痛的感覺。

3. 在陳式太極拳中有許多轉腳、轉身的動作。筆者經常發現有的拳友只轉腳，膝蓋並不隨之轉動，這時力量就會壓在膝蓋上，也是導致膝蓋痛的原因之一。

4. 許多拳友誤認為五趾抓地腳心空，就是用自己的腳趾尖摳住地，這樣重心就會落在前腳掌上，無形當中便加大了對膝關節的壓力，致使身體失去了靈活性，並且也很容易造成膝蓋的疼痛。

習練太極拳本應是養身，但不得要領卻起到了相反的作用。要想預防膝部痛疼，應注意以下幾點：

（1）對於初學者來說，架勢要放高一些，這樣可以減輕對膝關節的壓力。

（2）邁步時要先提起大腿，使力聚於膝關節來帶動腳跟提起。做踢腿或獨立動作時，膝蓋上提的高度要與胯平。

（3）放鬆時氣下沉，手放遠，胯根同時沉下去。定勢時，膝關節要有微向裡合之意，同時配合胯根撐開撐圓，把襠勁合住，襠要圓。

（4）前足弓出踏實時，膝蓋不要過腳尖，以免失去平衡，從而加大膝關節的承受力；也不宜膝尖與小腿成垂直線，以免影響下一動作的靈活性，只需略向前伸便可。

（5）轉腳時，膝蓋也要隨之轉動，這樣膝蓋就不會出現痛的感覺。

（6）練拳時，重心要放在腳心和腳跟的中間位置，並用腳趾輕微抓地，腳心空。

（7）時刻保持立身中正，身體不可前傾、低頭。避免膝蓋過多受力。

第二章
陳照奎手稿

一、陳氏太極拳法總歌

太極本渾圓，太極拳的手足運動，雖然從每一個肢體來看，僅是螺旋形的圓圈，但從整體來講，則是一個渾圓體。妙在法自然。此拳的每一動作，全是吾人日常生活中的勞動形式，可以說是人的自然本能，而加以系統化。一團太和氣，心內安靜和平。陰陽配其間，內氣協調而又活潑。動靜生開合，動之則分，靜之則合。虛實相循環，有靜，必有虛實，虛實互相配合，而不是孤立的。纏綿身軀，處處走螺旋。此拳每一動作，處處走螺旋圈，周身配合，一動無有不動，一靜無有不靜。外形合規律，內勁自無偏。外形的運動，合乎經法，則重心永遠保持平衡，內裡的氣勁，也自然平衡。直養氣充沛，氣以直養而無害，言內氣順遂，則更加充足。氣足神乃完，內氣充足，則精神也自然旺盛完美。

原理無二致，法卻有萬端。根據陰陽的原理，而有動

靜、開合、虛實、剛柔等等運用方法，變化萬端。有左即有右，有後即有前，此言方向。上引則下塌，右引則左發，此言虛實。高來必低轉，低來高處還。此言轉法。大小變斜正，進退裡外纏，此言姿勢不拘大小、斜正、進退，總不外手裡繞外繞二法。合勢走開勁，外繞是開勁，裡繞是合勁，開勢走裡繞，這是此拳陰陽開合的巧妙配合規律。虛中仍有實，實處虛相連。手足忌雙重，後勁勝前邊，虛實循環，不可分割。前邊發勁，則後邊塌勁。上下次然。右手實，則右腿必虛，進退自如。左方亦然。總之，後方和下方的勁，經常要重於前邊和上、下邊的勁。這是此拳虛實配合的規律。全在中定勁，處處為貫穿。整體有整體的重心，各個肢體運動時，也各有重心。重心全要經常穩定，如機器大小運轉，必有一軸為之連繫。

手法分為八，一一為解詮。掤、捋、擠、按、採、挒、肘、靠全是手法，乃此拳基本動作。掤法講內勁，裡繞和外繞。運勁要不丟不頂，全仗繞法走的合法及時。彼捋或採挒，捋、採、挒全可以破掤法。捋走中盤勁。來勢如偏高，則進步；手走上圈為採，來勢力如偏低而力猛，則退步，手走下圈為挒。我擠時靠連。擠、肘、靠是破捋、採、挒的手法。梢節（手部）用擠，中節用肘，貼身過近，則用根節（肩、背、胯、臀）發靠勁。步小先用擠，步大肘靠兼。擠、肘、靠是隨步法的大小而連環變化的，並且可以反覆地用。彼如又變按，按是破擠、肘、靠的手法，我則捋採挒還之。也是根據來勢高低，及步法快慢、大小而相機應用。

　　身法配步法，步法必隨身法的方向變化而進退旋轉，手法方不至呆滯。總以眼為先。眼是精神所寄。全體的指揮，雙方的觀察者，不可失掉目標。四正四隅變，中心主宰根。任何變化，全以內心為主宰。所難全在處處合理法，而又不拘泥於成法。

　　精神安而活，內心安靜，而又靈活，明於理法，熟於著數，自能隨機應變，十分自然。理法參經權。成套的架子，正常的規律是經，臨時運用的變化是權。氣調體自舒，隨宜任轉旋。動作合乎規律，內氣自然協調。內氣協調，肢體也自然舒適，旋轉變化，無不適宜。招招究理法，純熟得自然。在練架子時，一招一式，純熟之後，便能發揮每人的自然本能。

　　如何能懂勁？方向配時間。方向是有形的，較易掌握。方向和時間要緊密配合。兩人推手時，更需把兩人的方向、時間主動掌握起來，使對方不自主地聽從我的動作，如我自己身使臂，臂使指一樣，才叫做懂勁。勁懂更揣摩，變化口難傳。懂了勁之後，仍不可自滿，隨時用心揣摩形式的變化，內氣的運轉，以求更為精進。康強耐勞動，袪病復延年。

　　練拳的主要目的，是為了袪病延年，能夠持久勞動，提高生產效率，為國家的建設，人民的幸福而積極努力。

　　理論與實踐，二者不可偏。勿輕視為易，要重視國家的寶貴文化遺產。卻亦莫畏難，不可因其動作艱難，而向困難低頭。勤學加苦練，成功詎偶然，一切學術，全成功於勤學苦練，絕非可以不勞而獲的。

二、太極拳各派的共同理論和鍛鍊要領

心靜身正	以意運動
動作和順	輕靈圓活
開合虛實	呼吸自然
虛領頂勁	氣沉丹田
尾閭中正	不偏不倚
含胸拔背	沉肩垂肘
勁起腳跟	主宰於腰
通於脊背	形於手指
上下相通	內外相合
一動俱動	一靜俱靜
節節貫穿	周身一家
相連不斷	一氣呵成
蓄發相變	柔剛相濟
剛柔俱泯	一片神行

（1961 年 6 月 10 日）

三、太極八法歌

掤 歌

太極是掤勁，勁要走螺旋。螺旋怎樣走？裡纏和外纏。處處皆纏法，要鬆又要圓。鬆僅是柔化，圓才柔而堅。但鬆不圓，成了丟勁，必須鬆中求圓，而且必須是螺

旋的圓，才能柔中含剛，不丟不頂。圓中求緊密，周身相隨連。緊密不是講圓圈的大小，而是講全體配合的協調。能隨就能粘，能連才能黏。粘黏是形容詞，連隨是做到粘黏的實際動作。因勢生化攻，變化又萬端。捨己從人，因勢變化。神靜體亦舒，行若無事然，旋轉無空隙，全身都是拳。一羽不能加，蚊蠅不能落。仔細究物理，更使壽命延。

捋 歌

捋是破掤法，變化亦稀有。兩人搭手掤，鬆肩更沉肘。右手接右腕，左腕用左手。前手裡纏引，後手變前走。下塌而外碾，管住對方肘。對方如前隨，則用接腕的手引進，使彼落空，撥管肘的手下塌外碾，用四兩撥千斤法，使彼變轉方向，不能擠靠，莫停留。對方如後退，變按雙發手，如六封四閉式。轉換隨來勢，腰襠變左右，如雙推掌式，方向先變，然後再按。

採 歌

採和捋同類，手法相似，進步走上圈。手走上圈，步落人腿外，前腿進到對方前腿外側，引進後斜偏，手向我的左或右後上斜角引進，前手要在中心，後手必走偏勢，才能使之落空。彼進我也進，彼退擠按連，高來低打法。凡用採法，必是對方來勢較高，正走一圓圈，金剛搗碓式，仔細多究研。

挒 歌

挒亦採捋類，低來用高打。對方來勢低而猛，遂不得不退，前腿向後退，兩手挒向下，後手斜上引，原來的前手變為後手，引對方手腕，向後外斜角，略高於前手，前手塌而發，前手壓對方肘外關節，勁雖下塌，意則向上外碾，倒捲肱作用，以退為進法。

擠 歌

擠破捋採挒，人引我前隨，前步同手進，後手搭肘裡。後手防擊面，前手向人擠。前腳尖踏地，擠勁發莫遲。如懶紮衣、摟膝拗步（即第二個斜行）。

肘 歌

發肘在擠後，雙方以貼近。擠法被人化，主時發肘勁。肘法有數種，寫出細鑽研。低來高打法，發肘名拗攔。雙方全是拗步，而發後肘，所以叫做拗攔肘。彼在對面定，稍向左右偏，如彼左腳後，我則左腳前，來引我左手，我手（左手）左內纏，向左裡纏，引彼勁落空，右肘發外纏，擊彼左肋部，使向右後顛。高來低打法，發肘名順攔。對方在右側，按我右肘尖，向左上方推按，我肘左上引，右腿急右前，腿入彼襠內，先用胯靠，肘即走下圈，回肘向心胸，兩手開裡纏，左手同開，所以使勁平衡，右肘腿同進，左腿跟勿延。左腿主時跟進，一則助右方發勁，二則防步法過大，變化不靈。（略）各法互參悟，運用自不謬。各種肘法，可以參配變化而相繼運用。

靠 歌

肘勁被化解，急用靠來攻。用靠先進腿，貼身靠肋胸。靠法必在十分貼近時應用，勁隨進腿踏腳尖時而發，萬不可向前探身靠人。

外靠走外纏，如野馬分鬃式。前腿裡纏精，對方如解化，對方轉身則解化。靠變裡纏攻，隨人轉身，外纏法變為裡纏靠。但也有先裡纏的靠法，如摟膝拗步進左腿時的左肩靠法。

也有七分靠，敗中建奇功。高來按肩頭，勢猛力無窮。我肩向下折，貼前腿裡側大彎腰，但頂勁必須合好。離地七寸零，妙在腿同進，前腿貼地滑進，插在彼襠中，首尾既相應，發勁如開弓。肩靠彼小腹，折起身騰空，二趟拳中劈架子也同此意。（略）由擠肘變靠，靠轉肘擠成。根中梢三節，循環變如風。背與臀胯靠，背脊及臀胯亦可發靠勁。異曲而同工，全在重心穩，萬變一理中。靠的形式雖然很多，總是貼身進步，下穩上圓為主。

按 歌

按破擠肘靠，略引即反攻。發按勁必先略引化，不然便成頂勁。兩手雖同發，勁以偏為中。雙手按時，雖是哪條腿在前，哪隻手的勁較大些，以偏為中，處處全身虛實配合，例如六封四閉式。

或上引下按，如白鶴亮翅。或左引右衝，如高探馬。纏勁循環發，變化總無窮。發手隨腿勢，步法或進或退，全身助手發勁，事半可功倍。手上不增加力量，而借步法

的加速以發勁，四兩撥千斤的訣竅就在此點。

（節選自陳照奎手稿《陳氏太極拳推手歌》）

四、陳氏太極拳鍛鍊經驗談

陳照奎　巢振民

根據一般經驗，學習一門學術或一種技藝，如果事先對所學事物有了明確清晰的概念，知道應該運用什麼方法，採取哪些步驟，經過怎樣的過程，解決哪些關鍵問題，才能達到什麼目的⋯⋯而又能勤學苦練，堅持不懈，則經過一定的時期必然得到相應的成果；相反如果對所學事物沒有足夠的、正確的瞭解，只是一味地「學」下去，「練」下去，則即使花費了很多時間和精力，也可能仍然是兩手空空，毫無所得。

所以寫了幾十年的字也未必就是書家，練了幾十年的拳也未必就成了高手，問題在於能不能鑽進去，能不能真的知其所以然。在這裡，明確思想認識是重要的關鍵。

據我們的瞭解，學習陳氏太極拳這種情況尤其明顯。我們自己在學習過程中，就有覺得這種拳術難以捉摸、難以掌握的苦衷，至於學了相當時期而基本動作還沒有做正確的事例，所見到的也非少數，這一方面由於拳本身的難度大，另一方面也與學習方法不夠完善有關。

今天在國家的領導關懷之下，陳氏太極拳已逐漸為廣大人民群眾所瞭解與歡迎。如果沒有一套適合陳氏太極拳特點的學習方法出現，則將很難符合形勢發展的需要了。

摸索與創造這種學習方法已成為當前主要課題，為了達到這個目標，現將我們過去所聽過的講解和自己一丁點膚淺的體會介紹出來，作為學習陳氏太極拳的同好們明確認識的參考。這一點點經驗實際上只是一己之見，不一定都正確，不過作為引玉之磚罷了。

另外，由於拳術長期在舊社會中發展，在拳理的論述和解釋不免被蒙上了一層神秘的迷霧，再加上若干迷茫的、誇大的傳說，使拳術的發展受到極大的損害，更難以解決的是武術方面缺乏足夠的有科學根據的文獻資料。目前尚且無法作出完全符合實際的分析，只有一點一滴將所有的拳論、傳說，結合拳式練法加以整理、分析、批判之後才能達到這個目的。從這一點看，本文也可以算結合陳氏太極拳對拳理作新的解釋和初步嘗試。

（一）陳氏太極拳的鍛鍊方法

在新式武器——槍、炮出現以前，尤其在古代社會裡，因當時生產鬥爭——打獵，和階級鬥爭、民族鬥爭——戰爭到搏鬥的需要，各種武器的用法和徒手搏鬥的技巧在各個國家、各個民族普遍地發展著，有的逐漸分化成專門的競技，如拳擊、角力、摔跤、擊劍等等；有的卻綜合成為一套包括各種器械和對手搏鬥完整的技擊方法，如中國的各門武術。

由於各種器械不過是手足的延長和致害效果的加強，而其動作仍以肢體的運動為主，所以各門武術在鍛鍊方法中又都以拳術為基本、為中心。徒手鍛鍊所占比重最大，

而且最重要，本文範圍也就以此為限。

再者，在鍛鍊過程中，既要保證有效果，能掌握技巧，又要保證安全，不致受到傷害，必然又形成為幾個步驟。

1.單獨練習基本動作

這就是各種拳式的練習。拳式是搏鬥中有效動作的總結，最初，大多是單獨的招式，以後發展成為連貫一起的成套拳路。

透過拳式的鍛鍊，可以初步使自己動作符合搏鬥的要求（手足合於部位，用勁正確，重心能保持平衡等）。以陳氏太極拳為例，其頭二趟招式都有用法，可分為有固定用法的，如三換掌是拿法、雙擺腳是摔法，指襠捶是打法，等等；和非固定用法的，如倒捲肱可以退步拽對手的勁，也可以上步破對手的勁，可以捋手也可以撩足，運手可以用手臂護身，也可以用肩靠對手…… 總之，在各式的動作中——指其運動過程，都包含用法在內。

2.固定套路的推手

在初步掌握基本動作以後，還不能馬上就直接對敵應用，中間還需要一個鍛鍊的過渡階段，這就是打「對子」推手，等等。

透過這個階段，由局部到全部逐漸掌握搏鬥技巧。在陳氏太極拳裡的推手（搋手、打手）就是這個階段。陳氏的推手有單推手、雙推手、進一退一、進三退二，以至於連續進退、進三退三、活步連環插步、併步推手等若干種，其難度是依次順接的。各種推手都有固定的招式、手

法，可以按著這些招式練習。而各招式同時又包含若干不同的破解方法，又都能引起無窮的變化（下文有解釋）。其中更接近實用是推手的較高階段的練習。

3.單式、操手的練習

在已經熟練掌握拳式動作和推手技巧以後，就可以進一步練習散打。在這個基礎之上，可不受原來基礎限制，而進行搏鬥練習，也就是接近於實際運用的練習。

實際上這是以前學過的技巧全面的、綜合的運用，本身沒有另外的招式、手法，沒有必要單列為項目。但為了用勁完整，提高效果，還有一些輔助性的練習。以陳氏太極拳來說，就是單式練習。這種單式數量很多，可以發勁，也可以化勁，這是在動作已經正確以後，使發勁、化勁更準確、迅速，合乎搏鬥要求的有效練習。此外，如擰棒子、擊牆、擊柱等等，也都是提高發勁爆發力的有效練法，可以適當配合。

至於在拳術發展中因健身的需要而出現的與養生術（氣功）的結合，由於表演的需要而向舞蹈化發展等等現象，也是拳術鍛鍊中值得注意研究和討論的課題。前者將在下文談到，後者因與本文關係不密切，從略。

(二)陳氏太極拳的特點

太極拳與形意拳、八卦拳等被稱為有內勁的拳。這些拳術出現較晚，在技擊方法上可以認為比以前有了進一步的發展，一方面是搏鬥技巧上的變化；另一方面是與氣功的結合；在養生方面也達到新的發展階段。

以下分別結合陳氏太極拳作簡單的論述。

1.技擊方面

在技擊方面捨去了硬頂硬抗，直出直入，以體力（力量、速度、耐久性）為勝，又受限制於體力的一些招術和法則，而以避實就虛，化去對手來勁，然後乘勝制敵的招術為主，使搏鬥技巧高低成為決定勝負的關鍵。而體力降為次要因素（並非主要）。

上舉這幾門拳術各自有獨特的優點和運用方法，並不一致，但卻共同遵守如下的一些原則。

這些原則是以人的肢體特點及力學規律為根據而形成的。它保證在肢體運動和與對手搏鬥時，自己保持有利，並使對手處於不利。它本身是客觀存在的，不隨主觀願望而改變，只能掌握它，運用它，卻不能違反它。不論功夫高低，它都一視同仁。這些規律概括起來大約可以分為以下幾條。

（1）在動作和靜止時，始終氣沉丹田，尾閭中正，以保持重心穩定和身軀轉動靈活。

人的重心約在小腹部位（直立時為準），在轉動身軀時如果不能保持上述要求，則重心必然偏垂一方，而不能靈活轉動，在接受外力或發力制「敵」時，就不能迅速跟蹤對手的變化而制勝。因此，在拳式鍛鍊以及推手、散手任何動作中都必須遵循這一規則。

或者有人以為若是功夫高了，即使向後仰身等等也仍然能化對手的勁而不致受制。誠然功夫較高、技術較熟練的人可以用肢體各個部分的局部動作來化除對手的勁，或

表面看來仰身而實際上身軀未偏仍能同樣發勁、化勁，但實際這都是只能在一定條件限制下。

例如，不許動步等，使招術運用範圍很小才能辦到的事，如果動手，條件放寬，就馬上會發現原來運用自如的技巧會出現漏洞，甚至可以失靈。如上例（指不許動步），如果允許對手上步，則必然不能仰身而又能使自己重心在受任何方向外力的情況下保持穩定。

（2）含胸拔背、沉肩垂肘、肘不貼肋，以保持上肢動作的靈活和處於有利形勢。

含胸拔背是對挺胸凸肚而言的，為了使氣沉丹田（即腹壓下鬆，重心下沉），不上湧、不浮起，必須使前胸略略內含，背部微微後拔，保持腹壓下降，以配合尾閭中正，穩定重心，並保持移動靈活。沉肩垂肘，則是在上肢動作時，肘關節無論何時都不向上翻起，不能高過肩部以上，以免被人反關節制住肘部，而被拿住或發出。肘不高於肩則易於向前後左右各方化勁。肘不貼肋則是左肘不向下貼住左肋，右肘不向下貼住右肋，至少肘肋間要相距一寸以上的空隙，以便受外力時易於轉動軀體，向前、向後化去來勁。否則，肘肋相貼，如受外力就容易半身被制，而被拿、被發。

（3）合襠、斂胯，以使下盤堅實穩定。

合襠，斂胯，雙膝微屈，則站立穩定而轉動靈活。與對手貼身相持時易於占取有利形勢。所以任何拳式——指上述有內勁的各種拳術，都沒有雙腿繃直的姿勢。

（4）勁由足跟起，勁由脊發。腰為動作樞紐，全身

用勁合一。化勁與發勁相連接，攻勢統一，動作走曲線。（形意拳動作外形較直而實際上仍是曲線）

在向對手發勁時，除了不與對方頂勁以外，還盡可能利用對手自己的力量或反射動作（指動作時瞬間平衡被破壞時所發生與原動作方向相反的反射動作）來制勝——將對手發出或打傷。這固然可以節約自己不少力量，但這不過是一個方面。另外，在自己發勁時，還得在保持自己的平衡的基礎上，使發勁得到最大效果。

為了使發勁時的反作用力不致影響自己的重心平衡和使全身力量得到充分發揮，就必須使力從足跟起——使支點由肢體而承受絕大部分的反作用力，就必須使腰為樞紐催迫肢體在轉動中發力（不走直線）。這樣，化過對手的勁，隨勢即向之發勁。一則，走的路短速度高（相對的）；二則，對手正處不利形勢；三則，自己仍處穩定狀態，未予對手可乘之機，並且能跟蹤換勁應付對手的變化，因而在技擊中效果較顯著。

這種化勁發勁相連接的動作，通常叫它來回勁（利用對手反射動作）滾勁。這是對發勁動作的總的要求。當然，太極拳、形意拳、八卦拳各自又有不同的具體技巧，但基本原理不外於此。

為什麼要這樣運作呢？現舉一些簡單的例子說明一下：

陳氏太極拳的技擊特點就是以上述這幾點原則為基礎而建立起來的。總起來說，陳氏太極拳在技擊方面所要求的根本原則就是做到：自己順勁，對手背勁。什麼是順勁？什麼是背勁？簡單說來如下：順勁就是使自己的重心

平衡穩定，使自己的動作靈活自如，使自己處於有利形勢。背勁則是重心平衡遭到破壞，肢體被拿住，被制住，動作不能自如，處於不利形勢。

如何做到處於順勁而不致背勁呢？大體說來要求如下：用勁走纏勁、走抖勁。周身動作相隨（配合完整統一）進步、退步，重心位置變化時，虛實分明，能塌住襠勁，氣沉丹田，有鼓蕩勁（見以後的解釋）。

纏勁又叫纏絲勁，是陳氏太極拳主要內容之一。簡單說來，它是一種用勁路線和方法，就是指周身上下所有動作都走曲線，而又節節連貫，互相緊密配合，延續不斷，並以腰為樞紐，任何動作都隨同協調，這樣，形成各個弧度不同的曲線連接成的近似螺旋形的用勁線路。纏絲是比喻詞，並非另有什麼「勁」在肢體上盤旋纏繞。

原來人在日常生活中所自然形成的動作，一般說來都走直線——由起點徑直到終點。因為這樣最節約時間和力量。在平常動作肢體或拿動什麼對象時，不會感到有什麼缺陷，或不方便，但在某些情況之下就會發現有問題。例如，向前用力推擠什麼東西，突然推空了（用力過大被推掉，或被外力很快移開），就會使全身一下子失去平衡，較輕的可以依靠前庭分析器的無條件反射的調整而不致摔倒（平衡的技能可以經過訓練，建立有關的條件反射；而加強其基礎，則屬無條件反射），較重的則不免跌一跤。

從技擊角度說，動作著力點落空失效，不能連貫，就叫做勁斷。肢體動作不能完整地協調，平衡不能十分穩定，就叫做勁散。勁斷勁散就處於劣勢，處於背勁。

當與對手相持時，與對手著力點相接觸的部位順其用力方向，隨勢移動而加以側向的力量則可能使其用力方向改變，而著力點落空失效，甚至全身動作失調，平衡受到破壞，即勁斷勁散。這種根據向量關係形成的技擊法則，通常稱作橫勁破直勁，直勁破橫勁。如此，不僅我方動作已經走曲線了，而且，對手為了避免勁斷勁散，也必然轉換原著力點的用勁方向，進而制敵，跟蹤繼進，而也用勁走曲線。如此，互相化勁、發勁連續進行，互相生剋，經過較長時期發展而形成纏絲勁這種用勁路線。

纏絲勁既可用於攻，又能用於守。同時，一個動作可以既是攻又是守。

攻時著力點隨對手的動作而跟蹤轉變；守時隨對手著力點轉變而變化以使之走空。例如，我以手臂走掤勁擊對手，被對方從側方接住並讓過我手部（設著力點原在手部），我則鬆手部勁轉用肘部（變換著力點）；如再被讓過，則進一步鬆肘用上臂；再被讓過，則鬆上臂而用肩……以至用胯、用後肘（另一肘從身後打），等等。就從這一動作看，從手到肩、到背、胯，這一條線處處都可能成為著力點，不僅可以如上述變化，而且也能互相呼應，鬆肩肘時，反過來用手、臂發勁取勝。總之都是隨對手的動作，因形就勢，隨機而變。

守時也是如此，同上例如處守方，則接住對手手臂（以同側手臂向側面迎接），以腰為軸，順對手攻勢轉動（重心同時順向移動），手臂走掤勁下塌外輾，讓過對手著力點，對手跟蹤變換著力點，我也隨勢繼續讓過；又可

以在適當形勢下——如對手跟蹤貼身太近時，向相反方向出其不意地讓過，使對手向另一側走空……就這一式講，實際上，也還包含很多變化，為了簡明略去未談。

附帶說明，如走屈勁（即纏絲勁），自己勁未散斷，對抗時，被對手讓空的部位，如上例手肘也並未失去作用，不僅隨形勢變化，又能發勁制敵，即未再變化時也仍然起著封閉對手動作的防守作用。失效與否關鍵在於用勁是否散斷，辨明如上。

事實上，在正常情況下，兩人相持時，各用兩臂制敵，都同時有兩個或更多著力點存在，聲東擊西，迎此讓彼，變化相當複雜，不是這幾句話能說清楚的。而另一方面，功夫純熟以後，用勁巧妙準確，只動分寸部位就可以發揮作用。高手甚至可以在與對手相接觸的一霎那化去對手的來勁，並就勢發勁反擊，將對手發出或制住（這有時也不一定是兩個動作，一個動作也可能兼兩種作用）。

除了化開對手著力點使對手用勁落空之外，還可以截斷對手的運轉使對手勁斷，而被我纏拿住。這類手法在陳氏太極拳裡，稱作截氣。

理由是：凡動作時，能以腰為軸，軀幹、肩、肘直到手、指處處隨勢動轉，配合完整，則用勁一纏到底，不直不斷（因此，作為動作的基本要求）。但只要任何地方不能隨勢運轉，則其以下部分用勁就散斷。如肩部滯住，則肘以下勁斷；肘被制則前臂至指勁斷，以此類推。應該注意的是，用這類拿法時，自己仍然走纏絲勁的路線，不與對手抗力，切忌硬搬硬壓。

在陳氏太極拳中，任何招式，任何部位的動作，一概走纏絲勁，沒有例外。要強調的是必須全身的動作配合適當。走纏絲勁不一定動作有多麼大。有時走纏絲勁與沒走纏絲勁，從外表上看差別很小，只要走的適當就對了，多餘的晃動和旋轉反而有害處。

另外，所謂「節節貫串，綿綿不斷」也是用勁的基本要求。根據是：人的肢體構造的特點限制住了其動作的範圍和方向。如肘、膝不能反彎，雙肩不能相靠……因而肢體的活動只在某一階段是處於順勁自如的地步，超過一定界限就轉化為背勁。例如，以手撐對手同側腕部使之反背，自己並無不自如的感覺。設對手能鬆勁隨勢繼續轉動，則將感到肘、腕等關節反有被制住的感覺（一試便知）。這是為簡明易於瞭解而舉的例子，實際上，許多動作、招式細研究起來都有相似情況，也就是說，都只有一段用勁路線是順勁自如的。使這些動作的順勁線段連接起來，則動作每將出現背勁，便又轉入新的順勁路線，而能保持始終處於順勁。

所以，節節貫串，綿綿不斷，在實質上，是指招式、動作中順勁線段的有機連接，並不僅僅是動作始終未停止的意思。這些道理結合拳式練習，能逐漸體會。

同一件事，從另一個角度說，即使用勁路線全部都正確，而各部位動作的時間、速度沒有調協，則仍然出現勁散、勁斷的情況。所以動作次序先後，速度高低，也是同樣重要的基本要求。

另外，動作走纏絲勁，速度上並沒有限制，可以快

些，可以慢些。這在練拳式時架子大就慢，架子小就可以較快。在應用時則視對手的動作及用法為轉移。

在纏絲勁的基礎上，發勁比較迅猛，以起到擊傷或發出對手的作用的動作，就稱作抖勁。抖勁在所走的路線方面與纏絲勁（也可簡稱纏勁，以與抖勁相對）完全相同，但由於用勁迅猛而在呼吸配合上有所不同。纏勁動作一般在走掤勁（掤、捋、擠、按等則是按動作的作用而起的名稱，並非路線上有不同）時呼氣，換勁時吸氣，呼吸保持均勻平穩，純任自然。而走抖勁發力時，如掩手肱拳、庇身捶、穿心肘等等動作，則必須急遽呼氣，使腹壓向下，重心迅速下沉（但下降的絕對距離並不大），腰脊迅速轉動，催迫手臂動作，用勁變化更快。

通常情況下，纏勁多起「拿」的作用，抖勁多起「打」、「發」的作用。大部分拳式用法明顯，該走纏勁、走抖勁，很容易弄清楚，而實際運用時，又不能這樣截然畫分，即有些走纏勁的動作，也可以走抖勁。例如，單鞭上步前右臂的換勁，在練拳式時是走纏勁，講鬆勁，講化勁；而運用時也可以發抖勁，以突然擺脫對手的抓拿。這全取決於雙方形勢。

再者，為使自己重心平衡穩定，在站立和移動時，必須保持重心在支點的垂直線上。這除了前面說過的尾閭中正，氣沉丹田，含胸拔背之外，還必須使重心能隨形勢變化（指與對手相抗時），靈活變動，以躲過對手的著力點。在兩足不動時，要能靈活變動於兩支點之間，不僵滯於一點……這就是通常所說的單重。

　　在移動位置變換步法時又該如何了？原則很簡單，就是必須使重心穩定地在支點（著地之雙腳）的垂直線上。下面結合拳式談談。例如陳氏太極拳頭趟中，開始時必須先使重心穩定在右腿上，然後左腿才能向前挪動。閃通背後的掩手肱拳接六封四閉上步轉身時，必須左腳踏穩以後才能再抬右腳上步。諸如此類，所有上步、換步、退步（如倒捲肱）莫不如此類。

　　道理很簡單，重心不可能不穩定在支點垂直線上，否則即失去平衡。問題在於這樣做，在對敵時會不會受制於人？答案是：不會的。因為所有的步法都是因形就勢，隨對手的動作而變，該上步就上步，該退步就退步。虛實變化，非常靈活，並非刻板文章，而是以支點的移動爭取更有利的形勢。另外，在重心移動時還必須踢住襠勁，走小弧線——移動時重心漸走漸低過半路再漸高，以保持穩定。

　　除上述步法還有幾種步法，如穿梭的躍步和「裹鞭炮」的躍步，跳起以後，仍然以肢體動作配合保持重心穩定；還有「右蹬一根」接「掩手肱捶」或「十字單擺蓮」接「指襠捶」時，重心由左腳迅速移至懸起的右腿上（丹田勁迅速由上方自左向右轉動下沉），右腳步凌空跺下，這除保持平衡之外，還有跺傷對手的作用。

　　還有推手時扣襠跨步與對手貼身對抗時，對手移動位置尋找有利形勢時，自己膝以上不動，小碎步跟蹤緊逼奪取或保持有利形勢等等，也都屬於變動支點保持平衡，保持有利形勢之類。

在雙方對抗時，應當用什麼手法，已如上述必須因形就勢，根據具體情況來決定。而且，手法招術的變化也根據它們之間的必然聯繫而決定。例如用捋手捋過對手，對手靠近我時用勁位置高，就可以向上拿住，低就可以向下拿；往上拿，進一步又可以讓空對方的「靠」，使之摔倒在自己左或右方，下拿則可以向前空對手的擠勁，截住對方右手的氣，使之摔倒在自己前方。摔、拿、打、靠各種手法的運用都是在一定條件下而又靈活運用的，它們之間的聯繫只根據客觀形勢變化來決定的。研究手法必須弄清楚其間的客觀規律。

至於「氣沉丹田，氣宜鼓蕩」則是全身肌肉鬆懈，而小腹部分堅實膨脹，每一動作都由丹田領動，並配合運轉，使全身勁變化迅速，發勁完整（參見下文說明）。

據上述可知，拳式的重要地方不在於停下來的靜止姿勢，而在於各式的動作。練習拳式時，要透過對這些動作的矯正，逐漸符合上述原則而達到發揮技擊作用的目的。推手或應用時，更要嚴格遵守才能使招術手法發揮應有的作用。

以上是從技擊方面簡單談談陳氏太極拳及同類拳術的一些內容，僅僅是我們目前認識到的一些道理，還有待於刪改和補充。

2.「內功」方面

下面談談「內功」的問題，這分兩個方面：（1）生理方面；（2）技擊方面。

這更是一個有待研究的問題，只能談談我們的初步理

解。

　　拳式技擊過去固然以鍛鍊搏鬥技巧為主，但也不可能不注意到健身這個問題，否則，技擊的目的也將不能達到。因為只有強健的身體才能有足夠的力量、速度和耐久性。因此，拳式根本上也是體育鍛鍊。至於個別的對身體有害的一些操手（不全是）之類的練法，在長期發展中都漸次被淘汰了。而拳術與養身術——氣功的結合，則應該認為是拳術的進一步發展。

　　簡單說來，「氣功」如果除去它的神秘外殼，據目前的瞭解，它主要是將意志集中在固定的意守部位，使大腦皮質神經細胞的興奮點集中在一定區域，而使其他區域因正負誘導等等作用，而得到抑制，得到調整，從而增強機體的生理機能，促進新陳代謝，加快血液循環，疏通經絡，消除某些病狀而增強體質。並且，「氣功」主張氣沉丹田，使腹壓向下，呼吸深長均勻，使消化器官得到適宜的按摩刺激而旺盛消化、吸收機能，豐富肌體營養。

　　再者，「氣功」不論坐立姿勢，都要求全身肌肉鬆懈，全身重量適當地分配，使脊椎及其他骨骼均勻承受，重心下沉保持穩定，而能耗力最少，保持姿勢長時不變，甚至可以達到「自身如空」的感覺。就是由上述因素，加以衣著寬舒，肢體不受壓迫束縛，全身的觸感、壓力感容易因坐久適應了而消失所引起的幻覺。

　　「氣功」與拳術結合之後，二者都有一些變化，首先，意守部位，除了氣沉「丹田」——注意小腹部分以外，還需要隨時注意各動作中關鍵部位（因而有人說坐功

是靜中求動，練拳式是動中求靜）。其次，呼吸除了與動作配合之外，還必須保持勻淨自然。第三，拳式動作也保持全身肌肉鬆懈靈活，運動量相當大，呼吸脈搏不致急促，這樣，在練習技擊的同時，又起了氣功的養身作用。

拳式練習加上氣功以後，對技擊也發生了一些作用。由於氣沉丹田，腹壓向下，一則，更有利於重心的平衡（重心降低了）；二則，更便於以腰為軸的全身動作配合，而形成「丹田勁」或「鼓蕩勁」——由丹田部位領動，使動作更加靈敏有效（這是內功拳裡一個有待進一步研討的重要問題）；三則，意守部位集中，可以使精神興奮加強而增加發勁的爆發力。此外，經過長期鍛鍊還可以加大腰腹力量。再結合前面所說的拳理看，動作所經路線相對縮短了，更便捷了，所用體力也更合理了，也就是發展了技擊技巧。因此在掌握較高技巧以後，看來體力較弱的人能不特別吃力地制服體力勝過自己的人。

此外，在練拳時，因氣功的作用，而使日常不顯著或感覺不到的某些生理現象出現：如震動感，嗽嗽的跳動感，皮下如蟲爬似的感覺等及發熱、出汗等現象。這些現象可以認為是對身體有益的，而且它是原來固有的——只是平日不顯著而已，但絕不是神秘的。

過去的拳論不用經絡學說來解釋，這由於當時受時代的限制，不可能有現代的觀點、方法和知識，而必然由當時所已有的認識中求得解釋。而這樣得到的內容也可以分別看待。其中對生理的認識也就是中醫的生理理論，不見得就不對。至於與技擊技巧的聯繫，如果保留一些則可以

說「有待研究」。

而據我們目前的理解，則感覺找不到直接相關的根據，而認為這是思維聯繫上的一種錯誤，是把與肢體運動沒有直接關係的一些生理規則與技擊混在一起了，致使一般人對內功拳產生了極大的神秘感，發生若干錯誤理解，如將經驗學說聯繫到技擊方面來，並且發生若干迷信傳說，反而不利於學習和傳播。

據上述，有些有爭論的說法補充理解如下：

（1）「用意不用力」，有人以為動作全憑「意」來指揮，不使一點勁，甚至平常連搬個板凳都怕用了力。實際上這是一種誤解。

原來，人身體的動作全靠周身肌肉（隨意肌）的張弛配合來實現的，沒有肌肉活動參加，人體根本不可能自己運動！而任何隨意肌的活動又必須有中樞神經的指揮，沒有神經系統的信號這是一種電化學變化，肌肉不會自己活動（受電、化學物質等的適當刺激也可以引起肌肉收縮，但這不是一般正常情況），可是人的意識活動卻不一定有肌肉活動參加，如思想或回憶、想像等等心理活動就可以完全沒有肌肉活動參加，即使這些活動非常強烈，如果沒有發出指揮肌肉活動的信號仍然絕對不能引起肌肉活動。若是「用意不用力」指的是這類未發運動信號的意識活動，那根本不會發生身體運動。所以只能解釋：用意為注意運作的部位（並發出信號）而不使肌肉強力地收縮，保持一定的鬆懈程度（並非不用力），這樣，既可以保持感覺靈敏運作靈活，又能節約體力。在練拳式時，可以經久

不疲，如每日可以練幾十遍；在推手時，可以連續很長時間。當然，在關鍵地方，如發勁擊出對手時，是要用力的，但時間極短促，並且，如前文所說，仍然不是僵勁。這裡沒有自相抵觸的地方。

與此相關的，還有所謂太極拳「一柔到底」的說法。「極柔」或「極剛」的說法，這都有些問題值得研究。

顧名思義，太極拳命名就包含陰陽相合，剛柔相濟的含義。此論者甚多，現不重複。就從鍛鍊可運用的角度來看，如果「一柔到底」，則根本不可能鍛鍊出過人的體力，而在太極拳名手的傳記中卻載有許多體力過人的事情，如陳仲牲能運數十斤重的鐵簷……直到郝為真能單手平舉百斤米袋等等，都說明，太極拳是絕對不講「頂勁」，但並非摒棄「力量」，所以拳式運作中有柔化綿軟的，也有迸發猛速的，如掩手肱拳、庇身捶，高手發勁不僅迅猛有力，而且非常靈便鬆活，看起來手臂像彈簧一樣抖動，這是剛柔統一的表現。至於運用時，如果只講究「柔」，絲毫沒有剛，那麼只能一味讓避遷就對手，太極拳的妙用（見上文）就不可能發揮出來了。

進一步說，剛柔不僅從纏勁、抖勁之間可以分清，如果仔細分析每一個動作都有剛柔結合在一起，凡是虛的都柔、實的都剛，前者蓄勢創造有利形勢，後者發勁取敵制勝。對抗的招術大多是開始順對手的用勁而活勁，使其「力點」落空，並且，使對手不致察覺我方變化，繼而從同向運動中尋找對手用勁的薄弱環節（力弱的部分，運動較滯的部分）引勁進攻，使對手背勁，然後隨之用勁（發

出、打傷、拿住）制勝，分三階段實際上是一兩個動作，時間極短，這是對抗時，動作由柔到剛的變化過程，柔時使對手如入「無人之境」，剛時使對手無法抗拒，聯繫順勁、背勁的道理，反覆思索自然會得到較深瞭解。

另外，若雙方都走纏抖勁的話，則看哪一方的變化更靈活更迅速，而決定勝負，並無絕對制勝的招術與辦法。

從用勁方面看，有剛柔的變化，如上文所述，而從動作、形勢等方面看，陳氏太極拳還有「捨己從人」這麼個特點。

「捨己從人」是不是完全聽從對手而動作呢？又是又不是。原來雙方對抗時，對手的動作是完全不聽我方主觀意志指揮的，而且雙方又相反。如何應付這樣的客觀現實呢？當然不能以「不變應萬變」，並不管對手如何動作而只管自己動作，這樣必然不能適應對手的變化。因此針對對手具體情況而採取相當動作，便成為唯一正確的可行的辦法，以適應對手，既可以化去對手的勁，又可以使對手難於覺察我方的變化，在順隨對手動作的同時還「聽」出對手用勁的橫直（凡用勁必然有一定方向），在對手不知不覺時，改變對手用勁方向（以橫破直，以直破橫），使之由順勁變為背勁，這便是第二步，由捨己從人轉化為制人從己。

說起來是兩個步驟，但實際上，運作是完整一氣的，每一個由柔到剛的變化，都包含這兩步，大的例如摔法、拿法——懶紮衣的右臂接對手和斜行的左臂按對手都先與對手同向運動，引之深入然後回勁摔出，或拿住對手。這

裡除用勁變化之外，還有變換步法占取有利形勢（用腿順勢攔在對手身後絆住對手腿部）的作用。小的如各式打法發抖勁以前都有一個小回勁，為的是分清對手用勁的陰陽橫直而後順勢發勁——絕不與對手頂勁。

總之，捨己從人的實質是針對對手具體情況隨機順勢而取得勝利的積極主動的辦法，如果以為只是「捨」與「從」，只有化的作用，則嫌片面了。

（2）視覺應注意什麼地方？這也是一個莫衷一是的問題。我們的理解如下：

視覺是人類瞭解周圍環境、認識客觀世界最重要的感覺。遠到遙遠的星空，近到眼前的毫髮，眼睛都能看到。當然，視覺與其他感覺一樣有一定的域限，由於視覺在生活中的重要，經過若干萬代的發展，而非常精密靈敏，到今天為止，某些現象的觀測，例如極弱光線的感知，仍以目測進行，非任何精密儀器所能代替（當然，儀器也有遠遠超過目測某些方面能力的）。心理學的研究，告訴我們許多這方面有趣的事情，這裡不多談了。

人類感知周圍環境的大小、物體的距離和速度、狀況等等全憑視覺，在與對手相抗時，在彼此身體未接觸以前，全憑視覺判斷形勢——對方的運動方向、速度，運作的優缺點，技法熟練、經驗豐富、拳理深透的人甚至憑視覺就能從動作中看出對手弱點，一擊而中。所謂「睜開眼了」就是這個意思。在雙方身體接觸以後，觸覺、壓力感覺等固然重要，但視覺仍起主要作用。對手身體活動的任何變化，仍主要依靠視覺。因此在對抗時，必須緊密注視

對手。事實上，推手時也必然如此。如果閉著眼睛推手除非功夫相差太遠，否則必然吃虧。

問題在於練習拳式時應該注視什麼地方？我們認為練拳式時應該著重注視假想對手所在位置，因此，不能只注意手。有時要注意手，有時卻不能專注意手。例如在六封四閉中，雙手下蹋外輾時假想對手正在對面，所以應該注意手，及至捋到後面將要換勁下按了，這時假想對手並未隨著自己的手而轉向自己左上方，仍然在自己前右方，這時就不能再注意左手了。這是一式中的變動。另外，在「倒捲肱」式中假想對手在前方，而手則由前向後運動，所有只能看前方而不能向後看手。再如金雞獨立、朝天蹬，手向上向下，但假想對手也在前方，所以，同樣不能注視手……總之，有各種各樣情況不能以一律萬，只能明確一點，注視對手所在位置為主，再兼顧全域，對「手」注意與否，以此為轉移。

（3）「頂勁」問題。

在推手對抗時，最忌雙方用力互相頂抗，只要相頂，勁就僵滯，就成為拼體力、比勁頭的運動了，太極拳技巧中的粘、黏、連、隨的作用就都喪失了，而互相僵持了。這還有一點要辨明，就是上文所說纏勁部分，提到的運用纏勁截氣而拿住對手肢體與頂勁是不同的，截氣是原來順著對手用勁，乘機找來其動作中的缺陷，破壞其順勁，截斷其連貫的動作，使有僵滯部位而用勁拿住，雖然使對手感到力量極大，不可抗拒，但絕不是用勁硬拿與對手頂勁。過去有些人沒有弄清楚這一點，以為自己被拿無法抗

拒是由對手力大所致。

最後，還有一個陳氏太極拳拳式中獨有的特點，必須解釋！這就是指「震腳」，有人說：「震腳不科學」，「是硬拳」，「震腳傷腦」等等。

我們對這些話不作為惡意來猜測，只認為他們並沒有瞭解震腳的作用和生理關係。

在陳氏太極拳頭二趟拳式中，的確有許多地方有震腳，例如「金剛搗碓」右腿上步以後，收回落下，可以震腳，金雞獨立接朝天蹬右腳下落時可震腳，小擒打以前，右蹬一根接掩手肱拳，右腳下落可以震腳，又如二趟的翻花舞袖和斬手、奪二肱都可以震腳，另外頭趟穿梭有雙震腳。震腳在這些地方起什麼作用？除了上文所說跺踏對手的技擊作用之外，在拳式鍛鍊中，主要為了使全身的用勁完整合一，使全身各部位用勁在丹田領勁下，在一剎那時間裡同時下沉，使所有動作同時暫止，使重心更加穩定（在動作正確以後，會感到力量下沉直到雙腳），既有利於收式，又便於以下起式發勁。因此，不僅頭二趟結尾用金剛搗碓收式，並在套路中適當配合若干可以震腳的動作以便於沉氣換勁，這就是震腳的主要作用。

至於會不會傷腦呢？這倒可以完全放心。不僅人的身體本身有若干部位，如各關節有韌帶的地方有緩衝作用，而且，做這些動作時本身並非全身僵直如同木棍一樣地徑直下落，在丹田領勁之下，承受反作用力的主要部位是丹田，承受地面壓力和衝擊的是腳掌。

「震腳」這類動作是有其獨特性質的，如果未經親身

掌握是難於體會的。當掌握以後就會發現，在加大運動量，下力氣、吃工夫的時候，如果不震腳，有些運勁還不好做到呢！還非震腳不可呢！此外，為適應體弱、有病、年老等等的條件，並非一定震腳不可，也可以在丹田領勁之下，換步後，氣緩些下降，腳輕輕落下，因此這些顧慮和看法可以完全打消。

綜合上述，可以知道，陳氏太極拳不僅有獨特的技擊效用，而且有良好的健身（養生）作用，因此適應範圍很廣。年輕體壯的，可以既掌握技擊，又增強體力。年老病弱的也可以先著重於健身（練拳架、減少運動量、降低維度）等到體力轉好時再酌情學習技擊。尤其是，陳氏太極拳頭二趟，我們認為在拳式安排上是經過精心研究的，不僅注意到各個拳式動作的難易程度，按著由簡到繁、由易到難的次序排列先後，而且，注意到運動時的張弛結合，在運動時，有緩氣休息的間隔，而且，依其運作間的聯繫又穿插許多變化。

例如掩手肱拳可接金剛搗碓，可接六封四閉，可接小擒打……加上各式動作各有特點，練起來，只要動作正確，用勁合於基本要求，就會越找越細，越研究越深，漸漸感到「奧景奇瀾，層出不窮」，進入很高的藝術境界，興味極濃。

【附註】陳式拳的動作比較複雜一些，為適合初學的要求，在原架勢套路的基礎上，是應該整理出一套簡化的、有普及的套路，以便於傳播。

(三)陳氏太極拳的鍛鍊要點

1.認識鍛鍊的艱苦性

從上文所說陳氏太極拳的特點看來，可以知道這種拳式動作很複雜，難度很高，練起來極不容易，據我們所知僅僅要掌握頭趟拳式的動作，用勁基本正確，也不是很短時間就輕易辦到的。而且頭趟纏勁未走好，二趟的抖勁就不可能掌握，同時每一式的動作不經過幾十次的反覆改正，也不易合於要求。在學習的初步階段，有些較難動作如頭趟青龍出水等等，可能相當時期做不成。往往各式動作知道有缺點但就是改不過來……並且，有些式子已然掌握了，順了，以後還會反覆感覺彆扭。因此，在練習過程中，如果不是事先有充分的思想準備，就不免產生苦惱，動搖學習的信心，所以，必須在練習以前充分認識拳式的特點、難點，下決心一定要學會它，掌握它，應該用 愚公移山 的精神進行練習。其實，這也是學習任何事物的一條普遍規律，要取得較高成就的必要條件。反過來，經過艱苦鍛鍊，又能進一步培養堅強的意志。

2.循序漸進，按部就班地學習

這就是說要分階段，按計畫嚴格地學習。如一段所說的分三個階段，先學拳式，後學推手，最後練操手，是從總的過程來看，而各階段，又自有階段可分。如拳式必須將頭趟動作用勁掌握好以後才能再學二趟，否則不僅二趟的動作用勁掌握不了，還會學出許多毛病，以後難以改正。至於推手、單式操手也是如此，如果不先熟習套路使

動作正確，就打算運用招術制服對手，同樣也會養成好頂勁的習慣，反而妨礙推手技巧的提高。因為我們確實見到許多好高騖遠的人在練習時走了這樣的彎路，不得不提出來供新學的人參考。

大略說來練習拳式，第一步，先注意各式動作的層次部位，這時，只要記憶清楚，並不需要多下工夫練習，但可以觀察別人的練習進行比較，發現優缺點來提高和改正自己的動作，如果多練使動作鞏固了反而難於改正。等到動作的次序、時間、部位都較正確以後則進一步學習用勁（剛柔、纏抖等變化），這就是第二步。也同樣先從大部位開始，逐漸及於細微變化。同時先從易練拳式開始，逐漸及於難度較高的，終而全部掌握。這一步比第一步難得多，既要每招每式都改正動作，又要隨時鞏固動作。這時需要勤苦練習。這裡需要注意的是，練習過程整個是矯正動作，不是鞏固動作的過程，每一動作不經多次的鞏固→矯正→再鞏固→再矯正……的過程，是不可能掌握的。練習以隨時注意矯正（找勁）為主，經多次練習動作自然鞏固。推手時也是同樣道理，不再重複。

3. 要各種練習適當配合

拳術鍛鍊是使人從不會到會逐步掌握技擊技巧的過程，拳式與推手各起不同作用已如一段所說，而拳式與推手之間又有如下的關係。拳式可使基本動作正確，推手可加深對拳式用法的領會，並且能檢驗拳式的正確程度。如果只練拳式，則缺乏應用實踐，不能掌握防身禦防的技巧；如果只練推手，則無法使基本動作完全正確，達到一

定水準，難於繼續進步，必須二者適當配合。從生理角度看，拳式所建立的條件反射，有前庭分析器（看平衡）、運動分析器的，但缺少觸覺和壓力感覺的。如果不練推手，與人對抗時，由於多這兩種刺激的干擾，原來的反射不能順利實現，再加上對手的外力影響，原來動作就不易或不能發揮作用，所以必須配合推手。再者，如果推手過早，則基本動作未能正確，阻礙進步，所以，必須在拳式達到一定水準之後，緊密地配合推手，單推與雙推的，在實踐上是由慢到快，由簡到繁，逐步掌握技術技巧，達到動急則應急，動緩則應緩的要求，才能收得理想效果。

另外，在個人練習中，對各個拳式、各個運作的掌握也是不平衡的，有的掌握較好，有的較差，所以，必須在全面掌握的原則下，重點地個個擊破自己的難點，這樣，由局部的變化而逐漸達到全面的提高。整個過程就是這樣反覆地進行著。推手也是如此。

由於個人的體力、原來形成的動作習慣、領會的深淺方面都不一致，所以，運動量的大小也要適當配合。拳式粗略地可分大、中、小架，每日分別練習。而且，同等架又可以較快或較慢地練習，因此又可以有大小，快慢等等配合。

再者，推手練習還有一個必須注意的問題就是，找對手的問題。由於人的體力、技巧各個方面都不相同，如果只與少數人，甚至只與一兩個人推手，則只能適應部分對手，技巧只局限於很小的範圍，必須在可能條件下，儘量找各種不同類型的對手來練習，這樣才能使所掌握的手法

細緻全面，才能達到高度的技巧水準。

4. 掌握規律是主要目的

在現實中，可能遇到的對手是各色各樣的，在推手時，雙方形勢又是千變萬化，如何才能全面應付呢？答案是必須掌握規律。

這要經過如下過程：先盡可能多地掌握具體手法，透過分析研究從中找出固有規律，進而針對具體情況靈活運用。原來，對抗情況固然千變萬化，但概括起來不過七八種勁路，但難的是怎樣具體運用。如果僅僅抽象理解，則遇見具體情況根本無法對待，缺乏具體手法。必須經過這具體→抽象→具體的過程，不是死記死背手法，而是具體分析具體情況，針對現實形勢創造性地運用手法。這一方面，可以借鑒拳式練習的規則，可以參考拳論，但更主要的方面是在推手實踐中摸索，總結得出實際的認識。

另外，俗話說：「三分練，七分看」，經常觀摩別人的練習，而能客觀地、冷靜地分析，研究得到領悟，也是重要方法。

最後，還有一個問題就是，拳式和推手動作，有沒有什麼內在的、看不見的內勁存在？我們的答覆是：內勁與形式是統一的，只要有內勁變化就有動作表現，可能有微細的較難以看出的，但沒有有用勁而無動作表現的，同時用勁順背是完全可以從動作中看出的（當然也可以透過接觸來感知）。並且姿勢、動作、用勁都正確以後，從外表看來，也和諧、優美、完整。功夫較深的，更能神顯氣足，威武大方，給觀者以藝術感受。

附　　錄

「太極一人」陳發科

　　我的祖父陳發科公（1887—1957），字福生。祖籍河南溫縣陳家溝。陳氏第十七世太極宗師，陳氏十四世「牌位大王」陳長興曾孫。自幼師承其父陳延熙，乃近代陳氏太極拳傑出代表。

　　我雖沒有見過祖父，但是他的故事經常聽我父親陳照奎和長輩們提起。據《陳氏家譜》所記：自陳王庭之後，陳家歷代相傳陳氏太極拳，練拳之風盛行，經久不衰且名家輩出，但不外傳，直到陳氏十四世陳長興傳給外姓楊露禪，發展成楊式太極拳。但陳氏太極拳則僅在陳家溝，沒有得到推廣，直至發科公走出陳家溝，才開創了陳氏太極拳在全國流行的新紀元。

　　1928年，爺爺發科公應邀進京（當時為北平）授拳。來京後結識許多武術名家高手。他以「挨著何處何處擊，將人擊出不見形」的絕技令北平武術界嘆服，從而在北平站住了腳，開始在北平傳拳，改變了「誰知豫北陳家技，卻賴冀南楊氏傳」的傳說，使得有三百多年歷史只在陳家

溝流傳的陳氏太極拳走出了陳家溝，是陳家溝陳氏太極拳發展的一個重要里程碑。

當時的武術詩人楊敞（季子）有詩云：「都門太極舊稱楊，遲緩柔和擅勝場。不意陳君標異幟，纏絲勁勢特剛強。」

發科公高超拳藝乃陳氏太極拳創始人陳王庭一脈相承而來，他的曾祖父陳長興（1771—1853），是楊式太極拳創始人楊露禪（1799—1873）的老師。年輕時以保鏢（護送貨物的保鏢）為業，經常來往河南、山東一帶，沿路的強盜都非常害怕他。晚年時，在村裡辦武館教學生。

發科公的祖父陳耕耘，自幼跟隨陳長興學拳，以保鏢為業，曾參加戰鬥立戰功。有一次他保鏢至山東萊州府，降服了當地的大盜田爾旺，萊州百姓立碑紀念他。後來，袁世凱到山東省任官時看到此碑，便請陳耕耘之子陳延熙（發科公之父）去教他的兒子們練拳，前後共教了六年。六年後當陳延熙回到家中，看到自己的兒子陳發科太極拳功夫大有進步，非常高興，便走到院子中間，身穿皮袍馬褂，兩手插在袖子裡，叫他的子侄數人圍攻他。眾人一接觸他的身，他略一轉動，眾人都紛紛跌地，可見陳延熙高深的功夫。

話說發科公，是延熙晚年所生，小時候身體虛弱，到十四歲時還沒有練出功夫。那時因為陳延熙去袁世凱處教拳在外，便請了發科公的一位堂兄來家作伴，幫著看家、種地。這位堂兄不僅身體壯實，拳也練得很好，在當時陳家溝的年輕人中是最好之一。

有一天晚上，一些陳氏的長輩來家中閒談，當談到家傳的拳時，有人惋惜說：「延熙這一支，輩輩出高手，可惜到發科這一輩就完了，他都十四歲了，還這麼虛弱，不能下工夫，這不眼看完了嗎？」祖父聽後，覺得很羞恥，暗自想：無論如何，也不能讓家傳的武藝斷在我手裡。從此下定決心苦練，從14歲到17歲，苦練了三年。

經過三年苦練，個頭長高了，身體發育也正常了，功夫也不知不覺間長進了。有一天，為了試試自己的進步有多大，他向堂兄提出，請他教推手。堂兄笑笑說：「好哇，我們家的年輕人都差不多嘗過我的手段，以前你太瘦弱，不敢和你推。現在你壯實了，經得起摔打了，可以嘗嘗和我推手的滋味了。」說完他們就推起來。

堂兄連續三次發勁摔發科公，結果都被反摔出去。直到第三次摔倒後，他才醒悟，發科的功夫已超過他了。他心裡不服氣，氣憤地走了，口裡還嘟囔著：「怪不得你們這一支輩輩出高手，大概有秘訣吧，連遠不如我的，都超過我了。看來我們別支的不能練這個拳了。」但是爺爺知道，其實這幾年父親都沒回家，沒有教他秘訣，這是他幾年苦練的結果。

透過這件事，我們可以看到苦練的重要，經過苦練，身體變強壯，技藝也大有長進，同時也說明並沒有秘訣，秘訣就是兩個字：苦練。但是在苦練的同時，也要開動腦筋，去不斷領悟其中的奧秘。發科公發憤苦練，一方面是練得多，一方面也是更用心體會，所以進步快。對於我們一般練太極拳的人，一定不可以光用苦練，練太極拳要巧

練，要動腦筋練，才能成功。

關於爺爺發科公還有幾個小故事：

我的同族老姐姐陳立清，陳氏十九代傳人，是家中獨女，小名賽男，小時候爬樹、翻牆、上屋頂，比男孩子膽更大。她父親陳鴻烈是陳式小架代表人物之一，比陳發科小一輩份，但大二三歲。

在立清九歲那年，有一天跟父親在路上見陳發科，便談到應邀往北京的事，並說晚上召集族人在陳家祠堂內作臨別聚會、打拳。姐姐立清怕大人不讓她進去，晚上提早從後牆爬樹翻牆藏於供桌下，等到大人表演拳術了她才走出來看。

打完拳後，輪到爺爺表演了，只見他一震腳，屋頂的沙土被震落作響，一發勁，附近燈燭的人即恍動有聲。最後，爺爺與一人推手，一發勁那人即擲上牆後掉下來。

有一次，有朋友介紹爺爺去民國大學教拳，見面後提出要看看爺爺表演，只見爺爺發科公表演至雙擺蓮接跌岔的震腳時，一聲巨響，竟將地上鋪的一塊大方磚震碎。這大學是辦在一所舊王府內，地上鋪的是二三寸厚很堅固的大磚，竟被震碎了。

後據爺爺發科說：「震腳不是使勁踩，而是將全身三五百斤力一併沉下去的。」

聽前輩講過，爺爺發科公為人謙虛忠厚，武德高尚，淡名利、講信義，總是操著濃重的河南口音謙虛地說：「我不中。」所以，武術界送他雅號「陳不中」。加之他功力深厚，拳藝高超，剛柔相濟，採、挒、肘、靠、拿、

跌、擲、打，兼施並用，以不見形的高超技法將人跌出，威力驚人，在京獨步一時，因此受到北京武術界的尊敬，尊其為拳術大師「太極一人」。

他一生授徒甚多，桃李遍於海內。其著名高徒有：沈家楨、顧留馨、洪鈞生、田秀臣、雷慕尼、馮志強、李經梧、肖慶林等和其子照旭、照奎，以及女兒豫霞等。

1953 年，和著名拳師胡躍貞共同創辦了「首都武術社」，使陳式太極拳得到更廣泛的發展，為陳式太極拳培養了一批傑出的人才。

有一批弟子還擔任了省市武協的領導職務，其中有曾任濟南武協主席的洪均生，曾任秦皇島市武協主席的李經梧，全國武協委員、北京市武協副主席、陳式太極拳研究會會長的馮志強，曾任北京市陳式太極拳研究會副會長、北京武術院教練的肖慶林，曾任北京市陳式太極拳研究會副會長、秘書長的李鍾陰等等，為陳氏太極拳傳向全國奠定了基礎。

陳發科練功照

「神拳太保」陳照奎

父親陳照奎是發科公之幼子，1928 年 1 月 24 日生於陳家溝。他七歲開始學拳，得其父發科公傳授的家傳低勢拳架。這趟架子，動作細膩，難度較高，很吃功夫，但易上功，適於年輕人演練。在爺爺發科公的嚴加督促下，父親盡得真傳，二十多歲時，功夫就已出類拔  萃。爺爺逝世後，父親獨擋門面，越發用功操習，其功夫蒸蒸日上，爐火純青。父親的擒拿手法堪稱當世一絕，輕柔剛猛，變幻莫測，使人防不勝防。推手功夫也是出神入化，化勁輕靈、巧妙，發勁冷脆、威猛。

當時，曾有一習舉重者，隨父習拳。此人身強力大，體重逾百公斤。一次練習推手，父親命其捉住雙臂，使全力推之，只見父親只微下沉，輕抖雙臂，其人已被原地彈起數公尺跌坐在身後數公尺之外的床上，床幫為其砸斷，可見父親功夫之精深。後來他到

南京市武術協會陳式太極拳訓練班第一期結業合影
一九六〇年七月二十日於中山東路體育館

上海等地傳拳，太極真功折服多名挑戰者，父親之功夫遂為世人所敬，聲譽日隆。

父親所習之拳架，係陳長興一脈相承的低勢架，屬家傳拳架，在當時不向外傳，故一直鮮為世人所知。此拳架與傳統大架相同，但在手法和身法上更為豐富和細膩。父親自幼勤學苦練，聰慧善思，日練拳二十遍，常年不輟，在繼承家傳的基礎上又有所創新，逐漸形成了自己的風格。外型上，精巧、緊湊，柔中寓剛，開合有致；在內勁方面強調丹田內轉，形之於外即為胸腰折疊，講究運動的螺旋纏絲，輕靈沉穩。整個套路結構

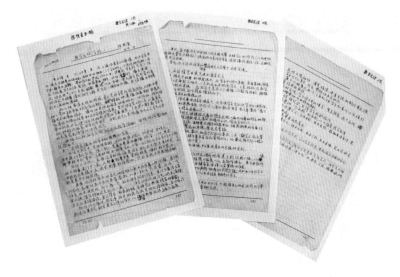

嚴謹，氣勢磅礴，節奏鮮明，靜若處女，發如驚雷，往復折疊似波濤翻滾，靈活無滯。練習這趟架子對練者的身體素質要求很高，難度、強度都很大。20世紀70年代初，父親應邀回家鄉河南傳拳，家鄉陳家溝人對這趟架子都不瞭解，也沒見過這樣的練法，而稱之為「新架」。父親親口說過，他並不贊成這種叫法。

父親早年就讀於北京志成中學，畢業後因家境窘困而沒能繼續升學，新中國成立後進入北京市第五建築公司工作。他一面刻苦練功，一面協助爺爺授拳。父親自幼秉承家傳，耳聞目濡，對前人的拳術理論深有所悟，本人又受過大都市的文化教育，有一定的知識水準，思路開闊，能夠用一些現代科學的知識來分析、理解拳術，為陳氏太極拳法和理論的繼承與發展作出了卓越的貢獻。自20世紀60年代始，他不僅走南闖北傳播家傳拳術，而且還根據自己多年練拳和教拳的經驗，寫下了大量的拳論文稿，留下

了許多拳勢及推手技術圖片資料，為後人留下了不可多得的拳學財富。

自1957年發科公去世後的二十多年間，父親子承父業，為傳播和普及家傳陳氏太極拳功夫架，足跡遍及北京、上海、南京、鄭州、石家莊、焦作等地，培養了一大批優秀人才，自70年代初開始在家鄉河南傳拳，直到80年代初去世，這期間他的事業達到了頂峰。

1960年，父親應顧留馨之邀辭職南下，到上海傳拳，參與完成了《陳氏太極拳》（人民體育出版社，沈家楨、顧留馨著）一書，又應各地學員之請寫下了陳氏太極拳一、二路函授講義，深受大家的歡迎。為使人們更進一步瞭解太極拳的特點，後又與巢振民合寫《簡談陳氏太極拳的拳式和推手的鍛鍊》一文。著書立說，發揚陳氏太極拳之精義是父親之心願，然而這一心願被「十年動亂」化成了泡影。曾與人民體育出版社的老主編談起此事，老主編回憶說，在20世紀70年代，父親曾經拿著自己整理的陳氏太極拳的書稿來到出版社，希望可以出版，可是當時由於太極拳沒有現在這樣普及，所以沒能如願（本書中就包含了眾多當時的手稿內容）。1980年，應人民體育出版社之約擬出版陳氏太極拳新著，可是父親終因多年生活勞累顛簸，積勞成疾，於1981年5月7日故於河南焦作。令人

欣慰的是師兄馬虹根據父親的講授和大量的筆記資料整理出版了《陳氏太極拳體用全書》一書，父親的願望得以實現，九泉之下可得一慰矣。

1973年，父親應家鄉父老之邀始回家鄉溫縣陳家溝、鄭州等地教拳。我的堂兄陳小旺和族兄陳正雷及同村的王西安、朱天才等原隨父親的堂兄陳照丕先生學拳，照丕先生於前一年去世，適逢父親回鄉，四人又一起從父親學習所謂「新架」，父親盡心傳授。「四傑」之一的朱天才在談到父親時曾感慨地說：「陳照奎老師教的套路是其父傳授的拳架，比我們過去練的老架手法更多，發勁更猛，技擊方法更明顯。練了這套拳架，使我們對陳氏太極拳體會更深，技術更全面。」石家莊、上海等地的弟子先後成立了陳氏太極拳研究會，為繼承父親遺志，推動陳氏太極拳的發展作出了貢獻。

父親陳照奎作為陳氏太極拳第十八世的代表人物，雖然已經離開了我們，但他繼承和發展了陳氏太極拳的精華，其精湛的拳技和拳理為廣大陳氏太極拳愛好者所推崇。

今天，國家提倡和發揚民族寶貴的文化，太極拳也得到了應有的重視。家鄉人民為紀念父親的功績，激勵後人，於2001年4月5日在陳家溝立碑，以示緬懷之情，父親的弟子及海外友人二百多人聚集陳家溝，紛紛表示：緬懷父親遺志，為發展和推廣陳氏太極拳而努力。

父親陳照奎生平

陳照奎（1928—1981），祖籍河南省溫縣陳家溝。為陳氏第十八代的代表人物，陳式太極拳第十代傳人，人稱「神拳太保」。

1928年1月24日生於河南溫縣陳家溝，是著名陳式太極拳泰斗陳發科的幼子。

1932年，隨母來到了北京，從此定居北京。

1935年，始從其父發科公習練家傳拳術。他學拳刻苦。

1942年，北京志成中學畢業後，因家境困難，沒有繼續升學，在家中專心練拳，並協助發科公教拳。後到北京市第五建築公司工作。

1960年，應陳發科的弟子、上海市體育宮主任顧留馨之邀，前往上海市傳授陳氏太極拳術，轟動了當時上海武術界。

1963年，再次應邀赴上海，公開舉辦學習班多期，深受人們喜愛。因北京第五建築公司不肯借調，為了推廣陳式太極拳，便辭去公職南下授拳。

1964年—1966年，赴南京教拳，這是他辭去公職後專職太極拳師生涯的第一個年頭，並往返於上海、南京、北京之間。

1965年2月，首次返回故鄉溫縣陳家溝。

1966年，「文化大革命」開始後返回北京。那個時代

不許可教拳，為了維持生計，在北京偷偷授拳。

1972年，其母去世。自此和兒子陳瑜相依為命。

1976年，攜子陳瑜來到上海授拳。這是「文革」後他第一次回到上海。

1973年、1974年、1978年應家鄉父老之邀三次回家鄉陳家溝教拳，並率陳家溝武術代表隊外出參加比賽。

1977年、1979年、1980年曾三次到石家莊馬虹處授拳。

1973年—1981年，往返於北京、鄭州、焦作等地授拳。

1981年5月7日，在焦作市教拳中，因突發腦溢血醫治無效，不幸病逝，年僅53歲。

陳氏太極拳宗師陳照奎先生碑文

顧留馨

公照奎，生於 1928 年，卒於 1981 年，自幼隨父學拳，精通陳氏太極拳的理論和擒拿術及各種技擊方法，善於精巧細膩的攻防技術，對推廣普及提高陳氏太極拳貢獻巨大。先是在北京協助父親教拳，1960 年應邀到上海體育宮介紹陳氏太極拳，當時轟動上海武術界；後於 1963 年到上海公開舉辦學習班多期，深受人們喜愛；後又在南京、北京、鄭州、石家莊、焦作等全國各地巡迴傳播 20 年，踏遍祖國大地，嘔心瀝血，貢獻了畢生精力，撒下了陳氏太極拳的種子。

現在經他親授或再傳的學生已經在上海、南京、北京、河南、石家莊等地及美國、日本、新加坡、香港、澳門等許多國家和地區成立了陳氏太極拳協會或研究會。20 世紀 70 年代陳家溝正處於青黃不接之時，年輕人練的雖不少，但水準還比較低，他幾次返鄉一住數月，培養家鄉青年在原有的太極拳基礎上更上一層樓，為家鄉繼承陳氏太極拳事業立下了不朽的功勳。

顧留馨老師的親筆題詞

　　1963年，陳照奎師爺被邀到上海授拳。這是顧留馨老師當年送給照奎師爺一本日記本上的贈言。

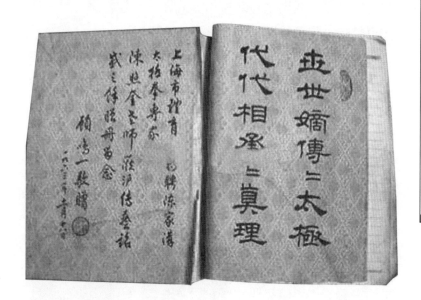

永遠的懷念——回憶我的父親陳照奎

陳 瑜

歲月如梭，光陰似箭。不經意間，父親離開我已經31年了。打開封塵的記憶，往事如潮水湧上心頭。

1962年，我出生在北京市宣武區。母親祖籍山東。在我兩歲時，父母離異，我被判給了母親。

四歲時我便被送到了山東農村的姥姥家。每個月父親會給我寄過來一定金額的生活費。那時，家家生活都比較艱苦，姥姥家靠種地維持生計，由於營養嚴重缺乏，我得了氣管炎、軟骨病、大頸病（就是現在所說的甲亢）。為了治療大頸病，每天需要往腫起的頸上打針，幾個大人用力按住我，疼得我不停地叫嚷，一年多後才治好。

當氣管炎發作時，我便喘不過氣來。尤其是天冷天熱換季時，更是悶得難受。那時只要是蹲下去再起來，我就要張大嘴巴，深深地呼吸才能喘過氣來，因喘不過氣，皮帶曾經斷過三根。軟骨病更是嚴重，拔河時，只要是稍一用力，胳膊便吊踝，

不能動彈。每次倒
立，由於我的雙臂沒
有力氣，總是頭撞到
地上。身體非常虛
弱。

七歲該上學時，
我回到了北京，被直
接送往了宣武區羊肉
胡同25號的門口，這裡對我來說極其陌生。我獨自走進
去，當時父親正在教拳，見到我很是高興。奶奶一把將我
攬入懷中，眼淚掉了下來。這是我有記憶以來第一次見到
奶奶和父親。自此我便和他們生活在一起，我們三個人相
依為命。

半年後父親開始教我練拳，開始了我的習拳生涯。我
的身體逐漸強壯起來。十歲時（1972年），奶奶得了尿毒
症不幸離開了我們，我在奶奶的遺體旁整整守了三天三
夜。家中只剩我和父親相依為命了。為了維持生計，父親
經常要到各地去教拳。1972年，伯伯陳茂森來到北京邀請
父親回陳家溝教拳。1973年，父親第一次回到了陳家溝，
由於我要上學，便把我託付給鄰居照顧。

家中只留下我一個人，我要自己照顧自己，養成了較
強的生活自理能力。

在我的記憶中，父親不僅武藝高強，而且文化水準
高，口才也好。平時只要父親空閒時，就會給全院的大人
小孩兒講《西遊記》、《水滸傳》、《三國演義》裡面的

人物故事。那時人們的精神生活十分匱乏，每天都盼望著我父親說書、講故事。每當講到精彩處，全都瞪圓了眼睛，大氣兒不敢喘，誰要是咳嗽一聲，大家都用眼睛瞪他。聽父親講故事是最大的享受。可是後來員警來了，硬說父親宣傳迷信，沒辦法，故事只好中斷了。

1974年，父親帶著我再次回到了陳家溝。當時和父親學拳的有：陳小旺、陳正雷、朱天才、王西安、陳德旺、陳素英、陳桂珍、陳春愛等人。

後又隨父到了鄭州，學拳的有：張志俊、張麒麟、張茂臻、馬虹等人。先後住過張志俊、海玉清，還有張茂臻家。光搬家就搬了四五次。

1975年，我和父親又到了焦作傳拳。1976年，我們到了上海，見到了顧留馨。當時學拳的有：萬文德、杜文才、張才根等。

1974年至1977年，我們曾先後去過陳家溝、石家莊、上海、鄭州、開封和焦作。曾在楊露禪學拳處的旁邊住過，在陳立州家、陳正雷家也住過。當年大隊部指派陳立州的父親專門給我們做飯。那時，冬天室內比室外還要寒冷，晚上睡覺時都要穿著衣服鑽進被窩，待被窩暖熱了才敢脫衣服。當時農村條件就是這樣艱苦。為了維持生活，拉煤、出窯磚、拉糞，什麼活我都幹過。我們父子倆相依為命，闖蕩江湖，四海為家。

1977年，我便開始獨立闖蕩，主要是在溫縣，父親則是各地傳拳，從1974年到1981年，整整七年總是奔波於北京、河南之間。直到1981年，當時父親在焦作，我在北

京，5月5日，我接到電報，說父親病危，於是我連夜趕
到焦作人民醫院。一進病房，看見父親躺在病床上，身體
很是虛弱。父親看到我後一直流淚，已經說不出話來。我
含著眼淚緊緊握著父親的手，不忍放開。父親是我唯一的
親人，是我相依為命的親人，父親這一走，就只有我孤孤
零零的一個人了。我該怎麼生活？父親臨終前，用飽含淚
水眼睛望著我，那一幕我永遠定格在內心深處，我知道父
親放心不下我，我的心在流血。父親呀，你就這樣走了！
就這樣離開我了！

　　陳家世世代代以練武、教拳為生。回憶父親，自然離
不開習武、傳拳。七歲的時候，我就開始了習武。剛開始
的時候，父親除教我家傳的基本功以外，還要求我每天練
五遍拳。父親教拳以嚴格著稱，他看我練拳時，不僅要求
我招式準確，還要求動作到位，架子要低。每天規定的遍
數，一遍也不能少。

　　有件事我一直記憶猶新：一天父親教的動作沒記牢，
回家練拳時，父親要檢查，於是我格外緊張，竟然把這個
動作給忘了，嚇得我都不敢動，愣在那裡。父親非常生
氣，嚴厲地訓斥了我，並且當著全體師兄弟們的面兒，要
求我重新練。從那以後，只要是父親講課，我就趕忙坐在
床上聽著（因家裡只有15平米，師兄弟多，所以每次我都
是在床上坐著看），比畫著，生怕父親再次訓斥我。特別
是在練了一天，別人走後，父親總是滿臉嚴肅，不顧一天
的勞累，重新給我捏架子，一個動作捏下來，累得我腿發
抖，汗不停地流，最後實在堅持不住了，大叫一聲「哎

呀，受不了了!」隨即站了起來或一屁股坐在地上。前前後後，父親不知給我捏了多少次。

一次，父親讓我擺一個動作，我擺好後，父親讓我堅持一會。可是沒想到父親到外屋抽煙，居然把我忘記了。不知過了多久，父親才想起我，等他進屋時，我已堅持不住了，便一屁股癱坐在地上，累得不能動彈。

父親常說：「捏架子，架子要做到位。大小關節都要拉開，肩軸打開；一處拉不開，內氣就不通。咱們家祖祖輩輩都是這樣傳下來的。要想有超人的功夫，必須有超人的毅力。你爺爺一天三十遍拳，幾十年如一日，才有這種功夫。咱們家的東西，不練夠一定遍數，不吃大苦，是領悟不了其中的奧妙的。拳打千遍，身法自然。拳打萬遍，神機自現。拳打十萬遍，大乘境界。」

父親平時非常注重我練習單式，每次檢查，如果他不說停止，我是不能動的，始終要保持標準的動作。父親在練拳方面對我非常嚴格。有時因為一個動作打不好，手法不正確，身法不正確，外形不正確，都會受到父親嚴厲的批評。由於忍受不了父親的嚴厲，有一次我離家出走了，直到深夜饑餓難耐，才回到了家中。父親說：「你是我的兒子，你肩負著重任，如果不好好練拳，怎麼對得起祖宗。你要記住，要想人前顯貴，就要背後受罪。你要付出更多的辛苦！」現在，我終於明白了父親的良苦用心。

父親去世後，我逐漸意識到自己肩負的重任，繼承家學，使之發揚光大，不能使祖宗用血汗練出的拳藝，在我手中失傳。為此我毅然辭去工作，不和任何人接觸，不再

與任何外界聯繫，專心致志，全身心地開始練拳。

我牢記父親的話：「要想出功夫，就必須先正身，後養身。不這樣，一輩子都練不出來。」就這樣苦練了三年，其中甘苦只有自己知道。

開始時，渾身練的疼痛，手不能摸東西，腿不會走路，要搬著腿一點一點往前挪。當時只有一個信念：既然爺爺和爸爸都能這樣挺過來，我絕不能當孬種，不能對不起祖宗，更不能讓家傳技藝在我手中失傳！功夫不欺人，一分耕耘，定會獲得一份收穫。

父親講：「拳法千言萬語不能盡其妙，其實兩個字就可以概括：『開合』二字而已。」多少人問父親「開合」二字怎樣解釋？父親只是一笑：「到一定程度，才能明白。要從身上去找，從意氣上去找，最重要的是胸腰折疊。」父親對我拳法上的講解很有特點，因材施教。記得小時候，我喜歡養貓養狗，於是父親便引導我觀察它們的靈活性，看它們是怎樣攻擊對方和自衛的。

一次我正和貓玩耍，突然一隻老鼠從旁邊竄出，貓一下從我手中衝出，按住了老鼠。其速度之快，身形之靈活是人所做不到的。另外，父親讓我抓住貓的四隻爪子，舉高懸起，然後一鬆手，看它怎麼落地。鬆開的一霎那，它的腰用勁一翻，總是四肢朝下，穩穩當當，輕鬆落到地上。父親說關鍵在於腰勁。

平時我還注意觀察狗被激怒後如何反抗的；兔子蹬鷹的速度是那麼的快、狠、猛。這就是父親利用我好玩的天性，觀察和研究動物的搏擊特性來引導我學拳。我牢記父

親的教導，把練功生活化，生活練功化。

介紹幾個父親的小故事。

父親有幾個絕活。第一絕是扇嘴巴。我親眼目睹過他打一個地痞流氓，父親的一記耳光扇到對方臉頰上，對方在空中翻轉360度，又落在原地。第二絕是明明看到父親把對手往下打，對手卻騰空往上跳。第三絕是對手抓住他的雙臂，父親好像沒動，對方就被彈了出去。父親雙臂往裡一合，對方便跪到地上。那時我家住平房，家中除八仙桌完好無損外，其他傢俱不是斷胳膊就是斷腿，就連牆皮都讓師兄弟們撞得粉碎。

記得有一年，八一部隊舉重運動員小方和父親推手，他體重有二百多斤。只見小方發力，父親順勢一抖，小方便騰空跌落在床上，床板被砸折，床腿被砸斷了。我當時正坐在床角上，床的劇烈震動使我從床上滾了下來，父親一個箭步衝上來，將我抱起。

記得父親在陳家溝教拳時，本家哥哥陳德旺膀大腰圓，身強力壯，跟照丕伯學習了很多年太極拳，功夫相當好。為了試試父親的功夫，在大家的攛掇下，他猛地摟住父親，只見父親用三換掌的手法，打得他整個身體在地面上滑了好遠，一頭鑽進了雞窩，惹得大家哄堂大笑。

哥哥陳德旺從那天開始，對父親崇拜得五體投地，心悅誠服。父親走到哪，他就跟到哪，唯恐父親講的拳法他沒聽到。有時他困急了，剛打了個盹，醒來不見我父親，很後悔，乾脆就不睡了。

人們常說：「靠教拳為生，是闖蕩江湖，刀尖上舔

血」。記得20世紀70年代，父親在陳家溝教拳，一次陳家溝大隊組織武術隊去縣城參加表演，王西安任領隊。遇到幾位摔跤的人要和王西安比試比試。王西安心裡沒底，趕忙找到父親問怎麼辦。父親很冷靜地說：「不用怕！練拳不用，還學它有何用？對方師傅來了，我來應付；徒弟來了，你來應付。」王西安聽了，心裡還是放不下。

父親看出他的心思，說：「咱爺倆先比試一下。」接著關上門，倆人就在屋裡比畫起來。王西安被父親摔得鑽到床底下。他爬出來後，馬上對父親說：「他們肯定不中。」於是打電話叫對方領頭挑釁的人來應戰，結果挑戰者沒敢來。

父親胸懷寬闊，不保守，教拳嚴格、細緻、認真。跟他學拳的人，不管時間長短都會受益匪淺。對待武術，總是實事求是，即不誇大，也不縮小。有人傳說他會輕功，他說：「輕功我是學過，但並不像人們傳說的那麼玄，腿上綁鐵瓦，挖坑往上跳，跑木板上牆，扒房檐上房，滾胯翻牆是可能的，但練百步穿楊，隔空取物，是練不成的。貼牆掛畫，是在牆角旮旯，平面根本掛不上。身體不接觸，意念打人更不可能。」

1969年，我剛回到北京，上小學一年級。一次半夜，我看見窗前有個黑影，嚇一跳。定神一看，原來是父親在打坐，練靜功。從那時起，才知道家傳功夫中有打坐的修煉。後聽父親說，自從他從上海傳拳回來後，因為失去工作，心情不好，血壓開始升高，又無錢治，只有靠打坐來調養。打坐後血壓就恢復正常。

　　父親一生命運坎坷。一次練功時，不小心碰到腳，指甲整個掀起，後化了膿。在那個年代，由於家庭經濟困難，看病花不起錢，只有用土方法自己治。他用自行車車輪使勁兒壓自己的腳趾，用手把腳趾蓋兒給拔了，抹上紫藥水。還有一次從外地回北京，在北京站下了火車，離家還很遠，可是身無分文，連兩角錢的公共汽車票都買不起，只好步行回家。

　　父親為傳播太極拳，弘揚中國傳統文化，失去工作，斷了經濟來源。當時奶奶還健在，全家靠父親養活，又恰恰趕上「十年文革」動亂，社會沒有安定的環境，有心學拳的人真是少之又少。那個年代把父親教拳看做反動，當反動學術權威來抓，抄家是經常的事。生存環境如此之艱難。為了生存到處漂泊，四海為家，身心憔悴，貧困交加，最終英年早逝。

　　父親——您是我永遠的懷念。

陳照奎推手照

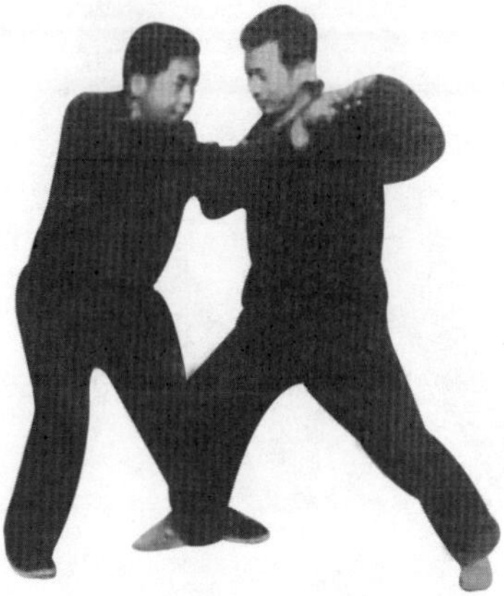

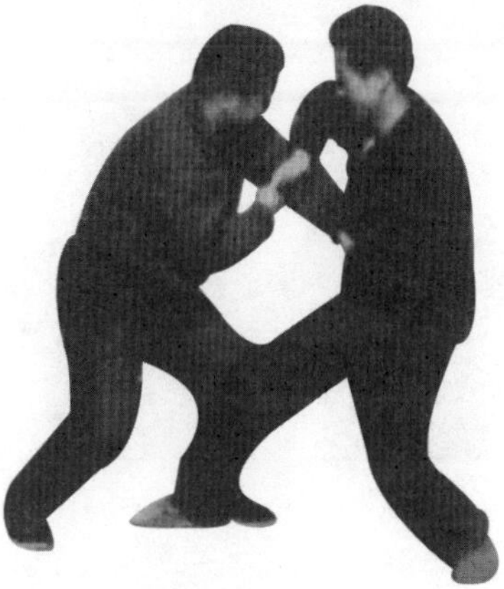

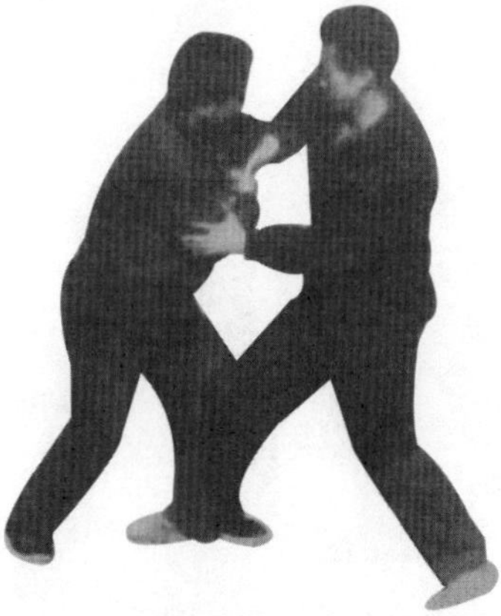

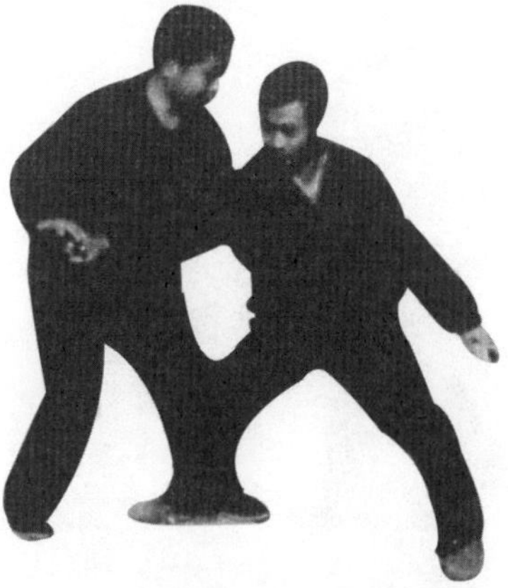

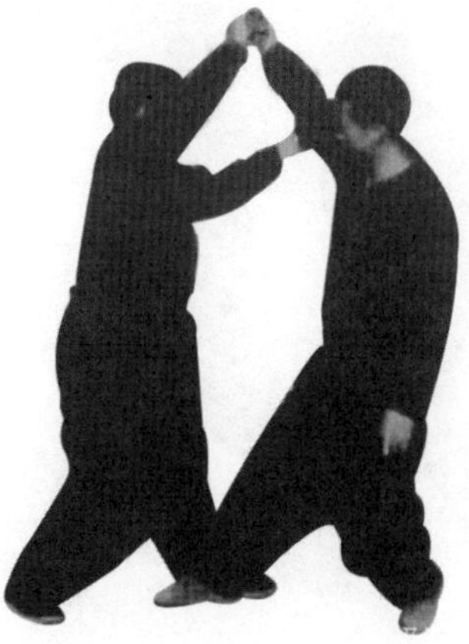

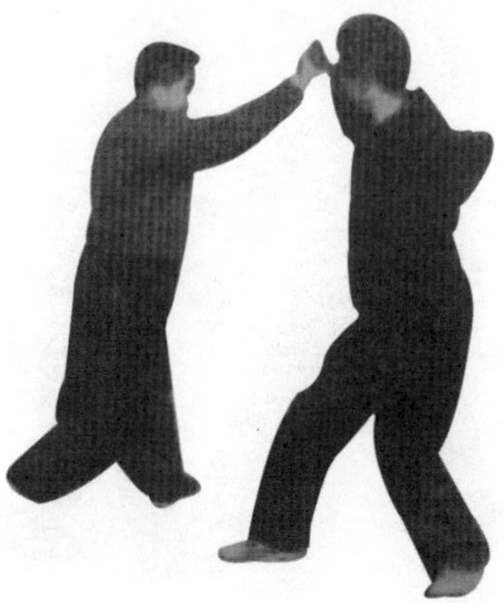

獨特的人生　精湛的技藝——記陳瑜

陳瑜先生（1962年5月出生），祖籍河南溫縣陳家溝，現居北京，陳氏第十七世宗師陳發科之嫡孫、陳氏第十八世宗師陳照奎之獨子。職業拳師，為弘揚傳播家傳陳氏太極拳功夫架而跑遍全國大江南北。現任北京市陳瑜太極拳武術文化傳播有限公司總經理，北京市武術運動協會陳照奎太極拳社社長。

陳瑜自幼在父親陳照奎的嚴格要求下潛心習藝，刻苦練功，日練拳10遍以上，將拳法與技擊融會貫通。尤其是父親去世後，他逐漸意識到自己肩負的重任，於是閉門苦練，每隻胳膊上、腿上都綁著3公斤的沙袋練拳。為了練臂力，他每天要平舉自製的15公斤的啞鈴活動，並帶沙袋日練拳十幾遍。就這樣，他一練就是3年，功夫有了很大的提高。

陳瑜自己講，他每次練拳都時刻記著父親陳照奎說

的：「前方無人似有人。」「要想盡一切辦法讓它意不斷、勁不斷、身不捨、腳不亂。」於是他將每一個動作分開單練，站樁時似抱球，手臂綁沙袋，手上拿啞鈴，腿上壓著啞鈴或磚。因為他相信只有苦練才能出功夫。如今他的功夫已臻上乘，更加爐火純青，在繼承、發揚及推廣家傳陳氏太極拳功夫架上作了不懈努力。

　　1976年，年僅14歲的他，隨父到河南溫縣，在全國太極拳大會上表演了一路和二路炮捶，這是他首次公開亮相，以其工整的拳架引起轟動。20世紀80年代在北京市陳氏太極拳協會成立大會上表演了二路炮捶和單刀。這是他第二次當眾表演，再次引起轟動。2002年8月，陳瑜作為名家應邀出席「國際太極拳年會」，並做了表演，博得了滿堂喝彩。眾多媒體對他進行了專題採訪和報導，並被譽為「將門虎子」。

　　2003年10月，應邀作為特邀名家參加了在新加坡舉辦的「中國—馬來西亞—新加坡太極群英交流會」，並表演了陳氏太極拳及單刀，博得了熱烈的掌聲，使大家對陳氏太極拳有了一個嶄新的瞭解。新加坡的州長並為其頒發了榮譽獎杯。2004年8月，陳瑜再次參加了北京市第五屆國際武術邀請賽，並作為名家進行了表演，得到了北京武協

領導的高度讚揚。2006年4月，應邀參加了珠海市太極拳協會成立十周年慶典活動，作為名家進行了表演，在場的人給予了極高的評價，都說：「這是看過眾多太極拳表演中最好、最有風格的一個。」

2010年，應邀出席康龍武林陳氏太極拳大賽，擔任裁判，對參賽隊員比賽情況點評，同時進行了名家拆招，引起了轟動。2012年出席陳家溝國際太極拳交流大會，擔任總裁判長，同時作為名家進行了表演。

陳瑜的功底純厚，這是令許多人認同的。曾經有一個日本學員，在日本自小學過跆拳道，後到北京體育大學學習了三年中國功夫，可以說功底是非常好的。

初次見面，此人在言語間表露出並不信服太極拳，並提出想試一試。只見陳瑜用一個十字手、錯骨斷筋法將他拿住，接著在他胸前用一個掩手肱捶之勁一拳將他挑起離地30多公分貼在牆上。此人信服地說：「原來我不知道太極拳會這麼厲害。」

還有一個練過多年和氣道的日本人，剛一與陳瑜見面就想試試手。陳瑜用了一個懶紮衣將他打翻在地上，跟著一個小擒打，那個人後背撞在了3公尺以外的牆上，陳瑜後用拿法中的纏絲之勁，使他趴在地上，順著勁轉了一圈，將地板擦得乾乾淨淨。陳瑜的動作乾淨俐落，在旁的

人無不伸出大拇指。

陳瑜先生自17歲開始獨立授拳至今,已將近40個年頭,曾到國內外眾多地方授拳。慕名而來的有世界各地的學員,經他親自指導的學員有上萬人之多。經過其指導的部分學員,在國內外武術大賽和國際太極拳年會中均獲得了優異成績,在繼承、發揚及推廣家傳陳氏太極拳上作出了巨大的貢獻。現已50多歲的他,身懷絕技,功力純厚,身法中正,造詣頗深,巧妙地將拳法與技擊融會貫通,因其拳架低,鬆柔圓活,造型美觀,自然大方,發力更是鬆活彈抖,贏得了廣大太極拳愛好者的好評。

陳瑜在繼承家傳套路的基礎上,還創編了四十三式太極拳、二十八式太極拳。眾多國內新聞媒體都先後報導過他的功夫以及他的教拳事蹟。

為了讓更多的人瞭解家傳陳氏太極拳的精髓,方便與拳友共同交流切磋,2004年12月成立了北京武協陳照奎太極拳社,2006年建立了陳瑜太極網(http://www.cytjw.cn),旨在傳播發揚光大家傳陳氏太極拳功夫架,為全民健身運動作出貢獻。

285

家傳陳氏太極拳功夫架——一路八十九式

286

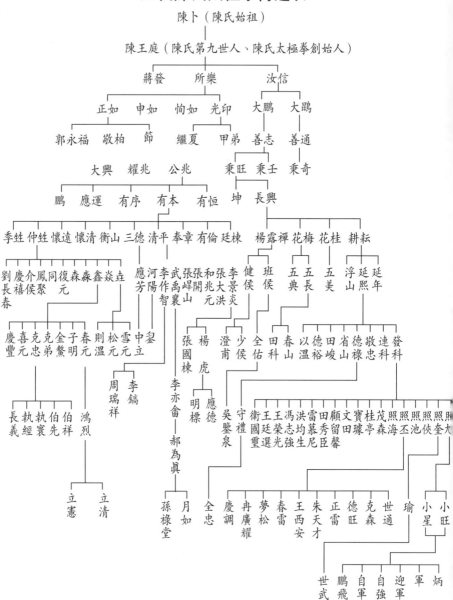

歷代陳氏太極拳傳遞表

歡迎至本公司購買書籍

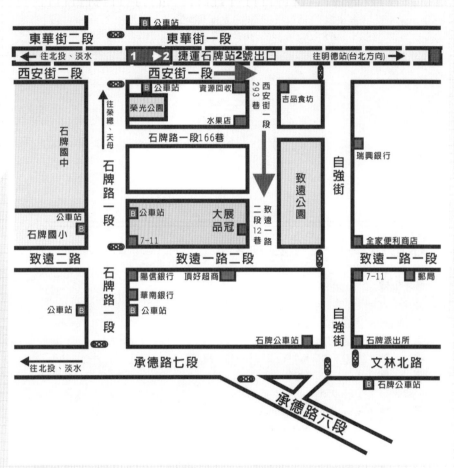

建議路線

1. 搭乘捷運‧公車

　　淡水線石牌站下車，由石牌捷運站２號出口出站(出站後靠右邊)，沿著捷運高架往台北方向走(往明德站方向)，其街名為西安街，約走100公尺(勿超過紅綠燈)，由西安街一段293巷進來(巷口有一公車站牌，站名為自強街口)，本公司位於致遠公園對面。搭公車者請於石牌站(石牌派出所)下車，走進自強街，遇致遠路口左轉，右手邊第一條巷子即為本社位置。

2. 自行開車或騎車

　　由承德路接石牌路，看到陽信銀行右轉，此條即為致遠一路二段，在遇到自強街(紅綠燈)前的巷子(致遠公園)左轉，即可看到本公司招牌。

國家圖書館出版品預行編目資料

家傳陳氏太極拳功夫架——一路八十九式／陳照奎　陳瑜　著
　　——初版，——臺北市，大展，2016〔民105.04〕
　　　面；21公分——（陳式太極拳；5）
　　　ISBN　978－986－346－107－4（平裝附數位影音光碟）

1. 太極拳
528.972　　　　　　　　　　　　　　　　　　　105001826

家傳陳氏太極拳功夫架——一路八十九式

著　　　者／陳照奎　陳瑜
責任編輯／王躍平
發 行 人／蔡森明
出 版 者／大展出版社有限公司
社　　　址／台北市北投區（石牌）致遠一路2段12巷1號
電　　　話／（02）28236031‧28236033‧28233123
傳　　　眞／（02）28272069
郵政劃撥／01669551
網　　　址／www.dah-jaan.com.tw
E - mail ／service@dah-jaan.com.tw
登 記 證／局版臺業字第2171號
承 印 者／傳興印刷有限公司
裝　　　訂／眾友企業公司
排 版 者／弘益電腦排版有限公司
授 權 者／山西科學技術出版社
初版1刷／2016年（民105年）4月

定　價／400元

大展好書　好書大展
品嘗好書　冠群可期